李 季　吕广健　何冬平　/ 著

成长配方
小体验大素养主题活动
初中版

SPM 南方传媒
全国优秀出版社
全国百佳图书出版单位
广东教育出版社
·广州·

图书在版编目（CIP）数据

成长配方：小体验大素养主题活动：初中版 / 李季，吕广健，何冬平著. —广州：广东教育出版社，2021.1（2024.7重印）

（积极共育丛书）

ISBN 978-7-5548-3608-8

Ⅰ.①成… Ⅱ.①李… ②吕… ③阿… Ⅲ.①初中—班主任工作—文集 Ⅳ.①G451.6-53

中国版本图书馆CIP数据核字（2020）第229982号

策划编辑：张翠君
责任编辑：李映婷
责任印制：陈　瑾
装帧设计：苏永基

CHENGZHANG PEIFANG——XIAOTIYAN DASUYANG ZHUTI HUODONG：CHUZHONGBAN
成长配方——小体验大素养主题活动：初中版

广东教育出版社出版发行
（广州市环市东路472号12-15楼）
邮政编码：510075
网址：http://www.gjs.cn
佛山市浩文彩色印刷有限公司印刷
（佛山市南海区狮山科技工业园A区）
787毫米×1092毫米　16开本　15.5印张　310 000字
2021年1月第1版　2024年7月第2次印刷
ISBN 978-7-5548-3608-8
定价：45.00元

质量监督电话：020-87613102　邮箱：gjs-quality@nfcb.com.cn
购书咨询电话：020-87772438

目录

积极共育导论

一、积极共育：家庭教育创新发展之路 …………………………… 1

二、主题活动：素养体验生成走心之路 …………………………… 4

三、积极共育：素养共生发展践行之路 …………………………… 7

上编　共育原理导图

第一章　成长导向——核心素养理论

一、发展为核心素养培育目标 ……………………………………… 15

二、成长型导向素养转化策略 ……………………………………… 18

三、素养生成活动体系构建 ………………………………………… 22

第二章　发展要素——学龄特点原理

一、家庭教育是第一影响源 ………………………………………… 28

二、学校教育是关键影响源 ………………………………………… 29

三、学龄特点是核心影响源 ………………………………………… 31

第三章　内生外化——素养生成原理

一、品德养成的内生外化之路 ……………………………………… 41

二、品德素质内生外化的养成 ……………………………………… 42

三、积极心理品质的自我构建 ……………………………………… 43

第四章　心路历程——走心德育原理

一、走心德育的核心内涵 ··· 53
二、走心德育的心路历程 ··· 53
三、走心式主题活动模式 ··· 54

第五章　体验学习——感悟成长原理

一、体验感悟是有效学习程式 ··· 63
二、体验学习素养生成之路 ·· 67
三、体验生成主题活动设计 ·· 69

第六章　践行养成——积极共育原理

一、积极共育主题活动设计思路 ·· 75
二、积极共育主题活动实施策略 ·· 77
三、积极共育主题活动带领技巧 ·· 80

下编　素养生成指导

第七章　人文底蕴积淀

人文积淀 ·· 96
人文情怀 ·· 102
审美情趣 ·· 109

第八章　科学精神形成

理性思维 ·· 116
批判质疑 ·· 124
勇于探究 ·· 132

第九章　学会学习自构

乐学善学 …………………………………………………… 141
勤于反思 …………………………………………………… 147
信息意识 …………………………………………………… 160

第十章　健康生活养成

珍爱生命 …………………………………………………… 170
健全人格 …………………………………………………… 178
自我管理 …………………………………………………… 187

第十一章　责任担当感悟

社会责任 …………………………………………………… 195
国家认同 …………………………………………………… 202
国际理解 …………………………………………………… 209

第十二章　实践创新体验

劳动意识 …………………………………………………… 218
问题解决 …………………………………………………… 225
技术运用 …………………………………………………… 233

后记 ………………………………………………………… 241

积极共育导论

学生核心素养发展是各种影响因素整合作用的结果。基于学生身心发展特点和规律，科学、有序地组合各种影响要素，促进学生素质最优发展，是我们倡导的"成长配方"。任何年龄段的核心素养发展都有与之相应的配方，而积极共育是组织配方的关键之路。

一、积极共育：家庭教育创新发展之路

从"家校合作"走向"积极共育"是学校家庭教育的发展取向。[①]

"注重家庭，注重家教，注重家风"，是新时代家庭、学校、社会的共同关注点。

"孩子未来需要具备哪些社会适应能力？""给孩子报什么补习辅导班？""如何与孩子有效沟通？"这些都是当下家长最为焦虑的问题。

这些趋势、热点和问题，聚焦的是新时代家庭教育创新发展的生长点，呈现的是正在走向协同共育、以追求幸福美好生活为目标取向的家庭教育生态。

（一）"教""育"相生，共育未来

"教子有方"，我们把它理解为中国式家庭教育的智慧、艺术和修为。它通常呈现为一种有效的亲子教育方式，一种成功的家庭教育方法，一种经验化的家庭教养模式，一套系统的家庭教育课程等。

上下数千年，我国积淀和传承下来的优秀家教经验不胜枚举："孟母三迁""孔融让梨""岳母刺字""悬梁刺股"等。传世家风、家训、家书经典数不胜数：诸葛亮的《诫子书》，颜之推的《颜氏家训》，司马光的《家范》，范仲淹的《家训百字铭》，朱柏庐的《朱子家训》，李毓秀的《弟子规》等。曾国藩、李鸿章、梁启超、傅雷等的家训、家书更是脍炙人口。这些都是中国家庭教育的传世瑰宝。然而，聚焦"诫""训""范""铭""规"等汉字，我们会明显感受到中国传统家教、家训、家风带有封建社会时代的烙印和硬性的教与训。

[①] 李季. 第四教育力营造与第一影响源重构——论家校合作共同体建立与协同育人模式构建[J]. 中小学德育，2018（01）：11-15.

笔者对未成年人思想道德教育和中小学德育研究进行了40年的探索，形成了如下感悟。由"教训"到"教育"——教而育，体现养育、养成的教育影响过程；由"教训"到"教导"——教而导，体现引导、指导的导向成长过程。一个人品行和素质的生成过程是由"外塑"到"内生"的自我构建过程，由"内生"到"外化"的知而行的自主修为过程。从人的品行和素质发展意义上看，这是未成年人思想道德建设和学生核心素养生成和发展的生态历程，经历"教育影响—心灵唤醒—价值引导—自我建构—自主发展"进程的教育生态，是促进儿童品行、素养生成和自我成长的育人生态，教育过程和教育要素融合促进人的发展。①

在学校教育、家庭教育中，这一个经由教养到素养转化的过程可以通过课程教学、主题活动、互动研讨、对话交流等方式独立进行，也可以通过体系课程、序列教学、系统培育、整体构建等形式实施。真正的教育，无论是社会教育、学校教育还是家庭教育，都是"教"与"育"相互融合的育人生态，"家"与"校"有效合作的协同生态，家校社共同体共育未来的发展生态。②

（二）成长导向，素养生成

"成长配方——小体验大素养主题活动"系列，是编写组根据《教育部关于全面深化课程改革 落实立德树人根本任务的意见》《教育部关于加强家庭教育工作的指导意见》《中小学德育工作指南》《全国家庭教育指导大纲（修订）》等文件要求和时代精神编写而成的。"积极共育"理念，一方面凸显了加强学校对家庭教育指导的客观要求，另一方面体现了家校教育互动合作、协同共育的学理。在此基础上，构建现代学校家庭教育指导组织、管理、运行机制，包括学校、年级、班级三级家长委员会和家长学校、家长志愿者等工作体系模式。"学校家庭教育指导"内容以"积极共育"为核心原理，以"成长导向"为主导策略，以"素养体验生成"为基本途径，构成"成长配方——小体验大素养主题活动"系列。

从家校合作到家校共育是新时代家庭教育的发展方向。积极共育是一种主动、自觉的协同共育理念和发展模式，指家庭与学校、家庭教育与学校教育、家

---

① 李季.价值观导向：未成年人思想道德建设永不落幕的主题[J].课程教学研究，2018（12）：11-17.

② 李季.绿色生态发展：破解德育低效难题之路[J].中国德育，2017（10）：7-8.

长与教师尤其是家长与班主任双方在立德树人的共同目标下，在指导、帮助、促进中小学生健康成长中真诚合作、主动作为、相互配合、齐心合力、协同共育的活动过程。

"成长配方——小体验大素养主题活动"系列包括小学版、初中版、高中版，着重探讨中小学家校共育指导原理和技术、基本模式与主要活动，为家校积极共育提供理论指引和操作方法。家校共育指导是现代家庭教育发展的需要、内涵的拓展和必然的走向。在家校共育指导部分，我们针对当前学校家庭教育中普遍存在的"家庭教育义工化、学校化""家校合作形式化、表层化"以及"问题式家庭教育"等现象，旗帜鲜明地倡导积极共育、协同育人，提出从问题型导向到成长型导向的现代学校家庭教育发展方向和指导目标。

成长型导向强调学校指导家长对孩子进行发展性引导，以促进孩子养成成长性思维，生成自主自觉成长的意识行为。具有发展性导向特质的家庭教育模式称为"成长导向式家教"，是针对当下普遍存在的"问题导向式家教"提出来的；与之相应的父母称为"成长导向型父母"或"问题管教型父母"。"成长配方——小体验大素养主题活动"系列，针对问题导向式家教和问题管教型父母的问题，积极探索成长导向式家教的指导理念和方式，尤其是成长导向型父母的教育指导方式，目的是把消极被动的家庭教育指导方式转变为积极主动的家庭教育指导方式，把孩子被成长的方式转变为自主自觉的成长方式。

（三）成长导师，协同育人

中小学教育的根本任务是立德树人，实施学生发展核心素养培育，发展素质教育，促进学生德、智、体、美、劳全面发展，这是学校教育和家庭教育的共同目标。学校德育和班主任工作是落实立德树人根本任务的基本途径，班主任是家校共育的主要力量，学校德育和班级的主题教育活动是实施家校共育的有效载体。成长导向式的班主任工作、学校德育、家庭教育、家校共育，需要成长主体真实的体验感悟，需要指导者进行有效的走心引领。基于从家庭教育到家校共育、从班主任到家教指导者、从小体验到大素养这一构想，我们在指导一线学校和名班主任工作室的广泛实践基础上，编写了"成长配方——小体验大素养主题活动"。寻找最科学、有效的方式，以学生和家长最喜欢的形式进行学校家庭教育指导，促进亲子共同成长，是近年来我们一直积极探索的学校德育、班主任工作和班级家校积极共育模式。其中，主题性活动体验、走心生成、生态养成是促进学生发展核心素养发展的行之有效的实践模式。

基于体验学习的走心式主题活动为探索新时代中小学家校合作和家校共育新理念、新模式而设计，活动平台和主体虽然同样以"班级"和"班主任"为主，但主题活动对象已经从"学生"拓展为"亲子"，目的也从促进"学生成长"扩展为指导"家长和学生共同成长"。因此，我们提出"家校共育"理论和倡导"成长导向式"家校共育模式，以构建新时代家校共育新体系、新样态。

"成长配方——小体验大素养主题活动"系列图书依据中小学家校教育工作者尤其是班主任有提升家校教育理论素养、能力、技术的实践需求，基于中小学是家校积极共育主要组织指导者，班主任和家委会是基本指导队伍的设想而编写，适合作为学校家庭教育指导、家校共育指导以及家长学校、班主任专业培训方面的教材。

二、主题活动：素养体验生成走心之路

（一）主题活动，课程育人

课程是中小学生素养自主生成的有效载体，是家校积极共育的重要途径，其中，适合中小学生年龄心理特点的主题活动体验课程，更是中小学立德树人根本任务落实到位的重要措施。

主题活动是学校和班主任、少先队和共青团、班委会和家委会、学生社团等更科学、专业地设计，更规范、有效地组织实施学校、班级、团队、家校合作共育活动等的主要形式。其中，班级主题活动更是学校和家庭教育中不可或缺的内容。

班级主题活动是在班主任的指导下，由学生有目的、有计划地为实现班级教育和发展的目标而组织和开展的各种教育教学、学习交流、社会实践、文化生活等活动课程。班级主题活动是班主任工作的常规内容，是班级教育和班集体活动的核心内容。班级主题活动，可以广泛运用于以班级名义开展的所有班级教育活动，如主题班会课、班集体教育活动、心理健康教育课、班级团队会、班级家长会等。

主题是班级主题活动的灵魂，它的意义在于价值引领；体验学习是班级主

题活动的核心；体验、感悟、明理、导行是班级主题活动的心理历程和学生素养生成机制。以体验式学习原理和技术为依据的走心式主题活动课程，具有促进学生素养体验生成的育人魅力。

班级主题活动的主要目的是班级育人和促进班集体建设，班集体是班级的核心，班集体是班级学习共同体、生活共同体、成长共同体、心理共同体，班级主题活动是到达班集体理想彼岸的风帆。让更多的教育者关注和重视通过班级主题活动课程来促进班级发展、班集体建设和班级育人，是我们的愿望。

（二）原理指导，素养生成

针对主题活动形式的表层化、热闹化倾向，强化核心素养深层引领是班级活动创新教育发展的需要。走心式主题活动课程的育人原理能够增强班主任的专业理论素养。当下，在学校德育和班主任及团队工作指导中，有主要贡献和起引领作用的是"实用培训""有用经验"和"编辑想法"，科学性、规范性、专业性理论和原理尚未发挥出真正的导向作用。目前，很多教育者在走上工作岗位前缺乏德育和班主任工作方面的"源头性理论"，处于"先天不足"状态。因此，这些教育工作者只能靠经验（包括听来的、读来的经验）来指导实践。

人们普遍相信"理论是灰色的"，因此，对德育和班主任工作，尤其是主题活动课程的理论和原理常常一知半解或敬而远之。经验具有实效性、操作性、可迁移性和复制性等特点，确实是班主任工作的好帮手。然而，经验毕竟是"昨天的故事"，未必能登上"今天的客轮"。我们坚信，理论和原理是真理和规律的使者，拥有它们才能与时俱进、融会贯通。理论和原理是好东西，拥有未必成为巨匠，没有则永远是个学徒；拥有未必就会大气，没有则肯定缺少底气。理论和原理的意义和价值在于一通百通！愿我们做一个有思想、懂原理、有理论的教育者，让理论之树常青！[①]

德育和班主任工作需要科学理论和原理指导，主题活动课程建设更需要专业理论原理和操作技术的指导。因此，我们设计和提出了"小体验大素养主题活动"的共育原理导图：成长导向——核心素养理论、发展要素——学龄特点原理、内生外化——素养生成原理、心路历程——走心德育原理、体验学习——感悟成长原理、践行养成——积极共育原理。以共育原理导图的6个主要内容为框

---

① 李季. 理论是银灰色的——兼谈立德树人的实践指导理论[J]. 福建德育, 2019(04): 1.

架构建形成一个相辅相成和融通共生的生态原理体系，作为从体验到素养发展的走心式主题活动指导的逻辑思路、指导理念和理论依据。

"成长配方——小体验大素养主题活动"，根据中国学生发展的六大核心素养的目标内容，整合横向层面核心素养发展的18项具体目标和纵向层面小学、初中、高中3个学段的不同目标要求进行全面性与发展性交汇设计，构建"小体验大素养主题活动促进学生发展核心素养生成体系"，进而构建小体验大素养主题活动实施指引系统，内容包括"设计思路""实施策略"和"带领技巧"3个相互联通的实施操作体系。这三个体系建立的目的，是满足不同年龄段学生身心发展特点和不同类型班集体教育的需要，从目标取向、内容主题、操作技术三个层面指导活动实施者更有针对性和专业性地组织实施"小体验大素养"班级主题活动，以更加科学、有效的方式促进学生发展核心素养的生成和发展。

（三）创新发展，心路历程

创新发展是主题活动的生命力。当下，如何使学校家庭教育从高科技、信息化的智能时代的新技术、新形式如"抖音""STEAM"等中汲取新的生长素，是一个需要探索的课题。以STEAM课程为例。STEAM教育就是融合科学（Science）、技术（Technology）、工程（Engineering）、艺术（Art）、数学（Mathematics）的多学科综合教育。如果从学生核心素养生成和发展的角度寻找更完整、真实的综合性主题活动教育模式，把语言（language）和思维（thinking）融合其中，形成STEAMLT主题活动教育，是否会更具现实生活意义和实践应用价值呢？能否把听、说、读、写、思等基础性人文素养融入综合性科学素养之中，实现科学和人文素养的互相促进、和融共生？

探索从活动体验到素质生成的走心育人历程，创新班集体教育活动模式，推动班主任工作向科学化、规范化、专业化发展是本书的撰写初衷。其中，班级主题活动是基本形式和载体，学生素养发展是活动目的，体验感悟是素质生成核心环节，走心是素质生成心路历程。在学校德育、班级管理和班级教育活动实践中，从体验到素质生成的走心之路，从小体验活动"走心思路"到大素养生成"心路历程"，充分体现了学校德育和班主任工作从表面化、表层化、碎片化、形式化、无序化走向科学化、规范化、内涵化、生态化的专业发展和实践模式创新取向。

"小体验大素养主题活动"为探索新时代中小学生品德形成和发展特点与规律而设计，与我们倡导的"小活动大德育"主题活动模式相比，活动实施和教育影响过程同样是"活动体验感悟—品德内生外化"，但活动形式已经从"一般性主题班会课"拓展为"走心式主题活动"，活动过程也从"德育过程"扩展为让品德发展经历品德形成的知、情、意、行的"走心德育历程"，以增强德育和家校共育的实践操作性和实效性。

三、积极共育：素养共生发展践行之路

（一）积极共育的思路与心路

学生核心素养发展培育是学校教育的使命，学校教育的根本任务是立德树人，促进学生素质的全面、协同、自主发展，家校协同、积极共育能有效地达成这一目标。充分发挥家校共育功能，首先需要构建一个"积极共育原理技术共生结构系统"，包括整体原理建构和具体实施计划，这样才能形成小体验大素养的素质生成和发展体系。

据此，我们设计了"上编"和"下编"，分别对应整体原理建构和具体实施计划。

上编"共育原理导图"，着眼于寻找从体验学习到素养生成的家校积极共育的"思路·心路"——从主题活动到体验感悟的育人思路、从心理体验到素养生成的心路历程、从家校合作到积极共育的创新之路。上编整体原理建构按"三部曲"设计。

第一步是提出需要回答的问题。首先提出从目标设计到素养生成的系统构建的整体思路。然后提出6个关键性问题：

①家校共育的目标指向与理论依据是什么？
②学生核心素养发展需要遵循什么规律？
③学生核心素养生成和发展需要什么内在机制？
④从目标导向到素质转化需要什么指导策略？
⑤促进学生素养生成最有效的途径是什么？
⑥家校共育实践中学生素养生成和发展从技术层面如何操作？

第二步，围绕上述问题，进行共育原理导向内容的整体规划设计：

①明确学生核心素养发展与导向目标；
②遵循素质发展教育影响与学龄特点规律；
③构建素养生成的内生外化素质转化机制；
④探索引导素养生成与发展的走心德育途径；
⑤寻找促进素养生成的体验感悟学习方式；
⑥实施家校积极共育的素养生成操作策略。

在此基础上，构成上编"共育原理导图"六章整体原理内容体系：

第一章为"成长导向——核心素养理论"，以学生发展核心素养为目标，以成长导向为理论指引；

第二章为"发展要素——学龄特点原理"，分析素质形成与发展的教育影响和学龄特点和规律，构建最有效的素养发展模式；

第三章为"内生外化——素养生成原理"，以素质内生外化原理为依据，探索核心素养的生成机制；

第四章为"心路历程——走心德育原理"，以走心式主题活动为途径，探索活动过程素养形成的心路历程；

第五章为"体验学习——感悟成长原理"，以体验性学习为途径，通过活动体验感悟明理发展的核心素养；

第六章为"践行养成——积极共育原理"，开展家校共育行动，着力提升班主任的家校协同与科学指导能力。

第三步，根据"共育原理导图"的逻辑思路，形成家校积极共育、协同共生的素养生成一体化生态实施系统。

①学校教育的目的，是引导学生全面发展和健康成长，本质是促进学生核心素养发展。育人目的的实现基于三大通道——教育影响的外塑之路、素养生成的内生之路、素养培育的共育之路。

②学生核心素养的发展，是家庭、学校教育共同影响的结果，学龄特点是教育过程不可或缺的影响要素——外塑之路。

③学生核心素养的生成，从形成机制上说，是一个内生外化的过程——内生之路之内生机制。

④学生核心素养生成和发展的过程，从立德树人意义上说，是引导素养经

历知情意行的心路历程——内生之路之内生过程。

⑤学生核心素养生成和发展的实质，是素质的自我构建和自主发展，体验学习是实现方式——内生之路之内生形式。

⑥学生核心素养生成和发展，是教育影响和自我构建的结晶，更是家长、老师、学生素养共生发展的融合，家校积极共育是达成这一融合目标的实践行动——共育之路。

共育原理导图逻辑体系，展示了学生素养发展从目标导向到内化生成的线路图；通过对接性实施行动，我们可以预见核心素养发展培育与共育共生的美好愿景的达成。

（二）实施指导的程式与方法

下编"素养生成指导"，着力探索小体验大素养主题活动设计实施的"程式·方法"——寻找从活动设计到体验感悟的源头点，从心理体验到素养生成的生长点，从小体验到大素养发展的共育点。

下编具体实施计划主要回答两个问题：一是家校共育需要培育发展学生哪些核心素养；二是通过什么具体形式、内容、方法来有效实施培育计划。据此，我们根据中国学生发展核心素养指引，构建形成小学、初中、高中"小体验大素养主题活动"体系；依据六大原理和基于我们多年实践探索形成的走心德育理论，为各学段设计了体现6方面18项核心素养内涵的36个走心式班级主题活动（每1项核心素养有2个主题活动），全学段共108个主题活动，目的是为中小学班主任开展班级和家校共育活动提供理论和实践操作指导。

第七章为"人文底蕴积淀"，通过主题活动增强家长和学生的人文积淀、人文情怀和审美情趣；

第八章为"科学精神形成"，通过主题活动夯实家长和学生的理性基础、批判质疑和勇于探究的科学精神；

第九章为"学会学习自构"，通过主题活动锻造家长和学生的乐学善学、勤于反思的品质；

第十章为"健康生活养成"，通过主题活动指导家长和学生学会珍爱生命、自我管理，形成健全人格；

第十一章为"责任担当感悟"，通过主题活动提升家长和学生的社会责任

意识、国家认同和国际理解意识;

第十二章为"实践创新体验",通过主题活动培养家长和学生的劳动意识,提高他们解决问题的能力和技术运用能力。

(三)素养生成的理论与实践

"小体验大素养"家校共育主题活动,分上、下两编,以走心导向和体验生成为基本载体,构成一个从理论指引到素养生成的理论结合实际的实践指导体系。六大指导原理与6方面18项核心素养内涵的36个走心式班级主题活动不是一对一的指导关系,而是整体的、融通的综合性指导关系。因此,需要实施者在学习、认识、掌握原理的基础上,运用原理于具体活动过程中,探索活动实施过程中中小学生品德生成、素养生成与发展的心路历程,以增强立德树人的实际效果。

素养生成指导实施以技术性实践操作为主线,以走心式主题活动为基本载体。走心式主题活动依据立德树人的目的和意义,结合主题班会、心理健康教育、团队活动等形式,并赋予了专业特质和关注点,如主题班会的"价值导向",心理健康教育的"助人自助",团队活动的"团队仪式",使其具备各自的活动教育特色和功能作用。

因此,"成长配方——小体验大素养主题活动"系列,适用于小学、初中、高中(包括中职、中专、中技)学校各种各样的教育活动,包括校内外教育活动、户内外教育活动、课内外教育活动、家校共育活动等,可以作为学校各种类型教育活动和学校各年龄学段、年级班主任班级教育活动课程教材,亦可作为班主任专业能力大赛、心理健康教育技能比赛、班队(团)会活动比赛、综合社会实践活动课及学科教学活动专业技能比赛的参考书。

"成长配方——小体验大素养主题活动"系列的编写团队成员,均是高校和一线相关专业课程、实践研究的教学者与指导者,有着深厚的专业功底,力图从根本上保障本活动课程设计的科学性、专业性和规范性。主题活动实施内容大多是中小学一线心理教师教学实践活动案例精选,具有针对性、实效性和指导性。

活动体验、走心德育、素质生成,是教育者致力寻找的立德树人之路,是学校德育和班主任工作的"诗与远方"。

「上编」共育原理导图

第一章 成长导向
——核心素养理论

教育以人为本,发展学生的素质是教育的目的,立德树人是教育的根本任务。学校教育教学活动的聚焦点是学生核心素养的培育。这不仅是学校教育的目标,还是学生自我成长的需求,更是家校共育的使命。学生核心素养的生成需要正确、积极、科学的引导,才能健康、自主、有效地发展,这是一种成长型导向教育。成长型导向是小体验大素养主题活动设计与实施的指导原理和目标方向。

学校教育的目的，是引导学生全面发展和健康成长，本质是促进学生核心素养的发展。这一目的的实现基于三大通道——教育影响的外塑之路，素养生成的内生之路，素养培育的共育之路。

情景案例

学生立场

省名班主任工作室联盟正在举办"同题异构"主题班集体活动擂台赛。情景案例是寄宿学校的新生宿舍里，学生们因为一些日常小事闹矛盾，影响了团结。要求据此设计主题班集体活动化解矛盾，增强班级团结。

一位工作室主持人在设计的主题活动中向学生们提问："请你们举一个班级生活中同学们闹矛盾的典型例子。"提问后，现场没有一个学生回答，冷场了3分钟，课堂气氛有点尴尬。另一位工作室主持人则在其设计的主题活动中，向学生们提的问题是："请你们举一个班级生活中同学们闹矛盾的好玩的、有趣的例子。"话音刚落，学生们纷纷回应，课堂气氛十分热烈。为什么针对同样情景提出的基本相同的问题，同样的学生却有如此不同的课堂反应呢？表面上问题主要出在两位老师提问时对"例子"前面修饰词的运用上，第一位老师用的是"典型"，典型固然是每一位教育者的价值追求，因为它代表的是最好的、最典范的，但这恰恰是让学生感到压力的地方，"万一我说的不典型，老师和同学如何看我？我还是不说为好。"第二位老师在例子前面用的是"好玩的、有趣的"几个字。这样的例子谁都会有，即使说错了也不要紧，所以大家争着说。然而，这两位老师真正的差异在哪里呢？真正的差异在于有没有学生立场。没有学生立场的老师，往往会从固化的自我立场出发去看待、对待事物；站在学生立场的老师则会常常提醒自己：班主任工作的出发点和目的地是学生和学生的成长，教育的真正意义在于促进成长主体的自我成长。

只有基于学生立场，教育者才能真正了解学生，才能走进学生的心灵，引领他们实现自我成长；才能以仁爱之心，为每一个学生、每一类学生提供公平且优质的教育帮助，促进每一个生命的健康成长。

在2018年广东省第七届中小学班主任专业能力大赛上，一位选手对不思上进的学生感叹说："上帝给你一双寻找光明的眼睛，你只会用来翻白眼？"作为教育者，作为学生成长路上的引路人，我们都要明白：有教无类，教师无法选择自己的学生，只能面对和帮助每一个学生、每一类学生。世界上没有两片叶子是相同的，也没有两个学生是相同的。尊重差异、理解差异，是一个教师的基本修养。

事实上，每一个学生都有自己的特点。唤醒每一类学生的希望是教育者的教育情怀，对于优等生，我们要为他们提供支点以自我超越；对于中等生，我们要帮助他们找准亮点以自我肯定；对于后进生，我们要帮助他们寻找沸点以自我唤醒。

教育的本质是促进学生核心素养的发展。这个案例告诉我们，核心素养是影响和决定人的成长和可持续发展的关键素质，是家庭、学校、社会教育影响的结果，更是自我价值观念和心理素养。对学生而言，成长心态是更为重要的核心素养。对教师而言，站在学生立场是极为重要的教育方式。教育者就是要让每一个学生都成为心灵的明眼人，学会发现自己，实现自我成长与自我完善。

微言感悟

学校教育的使命是育人，然而无论是为师从教还是为人父母，我们时时以教育人的"教师"或"家长"身份自居，挂在口头上的话大多是"都是为了你好"，常常忘记了自己是"指导者"和"父母"的角色担当和"学生立场"或"孩子视角"。教育教学的本质是唤醒心灵、助人自助，具有"学生立场"或"孩子视角"的教育才是真正的教育。

一、发展为核心素养培育目标

人的发展是社会发展的核心，而学生核心素养的发展则是人的发展的根基。人们常说"教育以生为本"。其实，教育有三大支柱——家庭教育、学校教育、社会教育。严格来说，学校教育的以生为本是育人为本。育人包括德育、教学和管理活动，这些都以促进学生发展为本。所以说，学生发展为本才是学校教育的宗旨，学生发展的实质是核心素养的培育、生成与发展。

关于"核心素养"，不同研究给出了不同的回答。1996年，联合国教科文组织提出学会认知、学会做事、学会共处和学会做人四大支柱；2013年，联合国教科文组织和布鲁金斯学会联合发布强健的体魄、社会性情绪、文化与艺术、文字与沟通、方法与认知、数字与数学、科学与技术七个方面的指标体系。此外，还有国际经济合作与发展组织提出的"胜任能力说"，以欧美专家和我国蔡清田等学者及辛涛、林崇德等知名专家为代表的"知识＋能力＋态度"的综合说，钟启泉、张华等学者提出的"特殊能力说"，以张娜、褚宏启、田一等学者为代表的"重要素养说"等。

2016年，《中国学生发展核心素养》[①]正式发布，它所提出的核心素养是一个有着"三个方面、六个要素"的复合性整体[②]。

中国学生发展核心素养以培养"全面发展的人"为核心，分为文化基础、自主发展、社会参与三个方面，综合表现为人文底蕴、科学精神、学会学习、健康生活、责任担当、实践创新六大素养，具体细化为国家认同等十八个基本要点。各素养之间相互联系、相互补充、相互促进，在不同情境中发挥整体作用。

这一总体框架经教育部基础教育课程教材专家工作委员会审议，形成最终研究成果，确立了以下六大学生核心素养。

人文底蕴。主要是学生在学习、理解、运用人文领域知识和技能等方面所形成的基本能力、情感态度和价值取向。具体包括人文积淀、人文情怀和审美情趣等基本要点。

科学精神。主要是学生在学习、理解、运用科学知识和技能等方面所形成的价值标准、思维方式和行为表现。具体包括理性思维、批判质疑、勇于探究等基本要点。

学会学习。主要是学生在学习意识形成、学习方式方法选择、学习进程

[①] 人民教育.定了！《中国学生发展核心素养》总体框架正式发布[EB/OL].[2016-09-13]. http://mp.weixin.qq.com/s/31q7T6Nfy73uvgCnFAjNoA.

[②] 潘小明，黄敏.核心素养概念的再理解：多元与融通[J].教育与教学研究，2019（08）：13-23.

评估调控等方面的综合表现。具体包括乐学善学、勤于反思、信息意识等基本要点。

健康生活。主要是学生在认识自我、发展身心、规划人生等方面的综合表现。具体包括珍爱生命、健全人格、自我管理等基本要点。

责任担当。主要是学生在处理与社会、国家、国际等关系方面所形成的情感态度、价值取向和行为方式。具体包括社会责任、国家认同、国际理解等基本要点。

实践创新。主要是学生在日常活动、问题解决、适应挑战等方面所形成的实践能力、创新意识和行为表现。具体包括劳动意识、问题解决、技术应用等基本要点。

据《人民日报》2016年9月14日报道：学生发展核心素养指学生应具备的、能够适应终身发展和社会发展需要的必备品格和关键能力，是关于学生知识、技能、情感、态度、价值观等多方面要求的综合表现。明确核心素养，一方面可通过引领和促进教师的专业发展，改变当前存在的"学科本位"和"知识本位"现象，另一方面可帮助学生明确发展方向，激励学生朝着这一目标不断努力。而核心素养培育目标和学生自我目标的实现，首先需要构建学生发展核心素养培育的教育生态程式，然后在此基础上进行课程设计和实施指引。

我们认为，学生发展核心素质的目标体系根源于人的本质属性和人格特质。人是自然人、社会人、主体人的生命结合体和生态发展体，具有三大人格特质：一是作为物质生命体的物理-生理性；二是作为社会活动体的群体-伦理性；三是作为自主意识体的主体-心理性。基于人的本质属性和人格特质，从"关键能力"的核心素养意义上说，学校教育应构建"生命活力-智能学力-人际群力-心理念力"四维人格核心素质目标体系。①

物质生命体的物理-生理性特质发展要求关注体质健美、生长健旺、生活健康，注重运动与作息、营养与卫生、安全与保健；社会活动体的群体-伦理性特质发展要求进行人文情怀、科学思维、群体智慧等关键素养的培育；自主意识体的主体-心理性特质发展要求关注学生心灵的"自成长"，需要对其进行体验-感

---

① 李季. 论从人本属性到人格特质的学生发展核心素质培育[J]. 少男少女，2017（6）：77-81.

悟、走心-导心的成长导向和课程引领。

学生是完整的生命成长体，德、智、体、美、劳全面发展是其成长目标。学生阶段是人的核心素养发展和完善的基础阶段，因此学生阶段的核心素养发展具有厚实根基和可持续发展的生态意义。体验学习是学生核心素养的生长点，活动体验是学生发展核心素养的重要载体和有效形式。因此，建立体验式教学、德育和班级活动模式体系，构建"生命活力-智能学力-人际群力-心理念力"四维人格核心素质目标体系，是实施和实现中国学生发展核心素养培育目标的重要内容。

二、成长型导向素养转化策略

中小学教育的根本任务是立德树人，立德树人的核心是促进学生素质的自我发展。学生成长不是"被成长"而是"自成长"（主体的自我发展）。因此，我们认为：学校教育和家庭教育的真正意义，是促进学生从"被成长"到"自成长"的自主转化，是引导学生发展核心素养的自我生成。这是成长型导向核心素养转化的本质意义和有效策略。素养转化策略是有效实现成长型导向家校共育目标的思路和方法。

根据我们在指导名班主任工作室主持人实践探索中的体会，我们认为实现学生"成长自主转化"和"素养自我生成"策略的关键有三大要素：其一，形成发展型导向的家庭教养方式；其二，成为教练型的成长赋能者；其三，寻找有效素养生成指导法。

（一）指导家长形成发展型导向的家庭教养方式

实现学生从"被成长"到"自成长"的转化，要点之一是指导和帮助家长形成发展型导向的家庭教养方式。

发展型导向的家庭教养方式的价值和意义在于让学生相信能力是可以靠后天努力而获得的，鼓励学生积极评估及发展自己的潜能，形成成长型心态；让学生相信哪怕没有天赋，努力就有最大的成功可能。发展型导向的家庭教养方式就是基于"努力比天赋更重要"的发展型思维培育原理。在天赋和努力孰轻孰重的问题上，经典台词"我命由我不由天"让人产生共情。

其实无论是人的先天优势还是人的后天能力开发，都服从于"经常使用则不断发展，弃之不用则停滞不前"的原理，即用进废退。所以坚定信念、积极主动、不懈努力，才是梦想成真的方式。

指导和帮助家长形成发展型导向而非问题型导向的家庭教养方式，是现代家庭教育和家校共育指导的法宝。

（二）成为教练型的成长赋能者

实现成长型导向的家校共育指导，要采取学生核心素养转化的策略，这就要求作为新时代家庭教育者和学校教育者的家长和老师要进行专业的知识、理念、能力等素养指导课程学习，成为教练型的成长赋能者。我们根据马丁·塞利格曼提出的"发挥人类正向潜能的积极心理学"、乔·欧文提出的"通过努力、学习与专心致志培育人的智慧等素养的成长型思维"和梁慧勤提出的"通过改善学习者心智模式来发挥其潜能的教练技术"等原理和技术，对要成长为一个家庭教育和学校教育中积极的教练型成长赋能者，提出如下8大素养培育目标和修炼要求：

（1）坚守"成长型思维"而非"问题型思维"的儿童发展观；

（2）立足"学习者需求"而非"教育者预设"的儿童教育观；

（3）着眼"自成长激励"而非"被成长赏识"的儿童养成观；

（4）关注"长板性优势"而非"短板性不足"的儿童教养观；

（5）注重"素养生成"而非"问题应对"的教育导向智慧；

（6）着力"正念转化"而非"负向纠结焦虑"的教育方式；

（7）侧重"成功性归因"[①]而非"习得性无助"[②]的思维培养；

（8）培育"积极坚毅品格"而非"消极心态"的育人艺术。

（三）寻找有效素养生成指导法

素养转化导向策略需要有具体的实施方法，才能真正落实在有效促进学生素养自主生成和自我转化上。我们在指导中小学名班主任工作室的实践中积累和总结的有效指导方法有以下5种：

"同向同心，同步同力"[③]的家校协同共育素养生成法。同向同心是指家校需要有一致的方向和情感认同，这是家校协同共育的理念与情感。同步同力是指

[①] 美国心理学家维纳（B. Weiner）于1974年提出了成功与失败的归因模型。

[②] 克里斯托弗·彼得森，史蒂文·迈尔，马丁·塞利格曼. 习得性无助[M]. 戴俊毅，屠筱青，译. 北京：机械工业出版社，2011.

[③] 李季. 第四教育力营造与第一影响源重构——论家校合作共同体建立与协同育人模式构建[J]. 中小学德育，2018（01）：11-15.

家校合力联动和有效合作的操作计划与共同行动。家校协同共育首先要同向同心，才能同步同力。前者是根本，后者是保障。只有采用"四同"工作运行机制和行动措施，才能保障家校共育的目标真正落到实处。

"长板长处，优点亮点"的家校合力拓潜素养生成法。"木桶短板"理论是只以问题眼光盯着学生的缺点和不足，而对学生的长处、优点、亮点等视而不见、听而不闻。而家校合力拓潜素养生成法是指关注学生的长处、优点和亮点，通过老师和父母的"期望效应""优点轰炸"等行为激励学生发现自己的优点、潜能，从而增强其自信的指导方法。

"正念正向，正面正能"的赋能式素养自我给力生成法。学生的健康成长和全面发展需要教育者的正确引领和积极指导，但所有的教育引领和指导都需要转化为学生自身的需要才能实现。换言之，教育促进学生发展正能量的过程实质上是激发和唤醒学生素养的自我生成与成长的自我实现的过程。正因为"心灵成长是自我建构的过程"，所以"引领心灵成长是教育的本质"，真正的有效的教育，要让学生成为心灵的主人，要让素质生成和素养转化经历心路历程。引领心灵成长或通过叙事拨动情弦，"在感触中感动—在感动中感悟—在感悟中成长"；或通过活动体验感悟，"在活动中体验—在体验中感悟—在感悟中成长"。这些都是我们近年来在班主任工作实践和创新发展探索中总结形成的引领心灵成长的有效实践模式。[1]

"自主自律，自省自觉"的自成长式素养生成法。管束说教、活动体验、自我感悟，是学校德育和家庭教育中常用的三大途径和方式。管束说教，有严格规范和苦口婆心育人的意义，但单向性的教育要求常常只是一厢情愿，缺乏互动交流，效果往往不尽如人意[2]；活动体验，通过活动参与的方式，让学生在活动尤其是富有教育意义的主题活动中体验、明理，实践证明这是行之有效的师生沟通、亲子交流和素质转化方式；自我感悟，遵循学生品德形成的内生外化规律[3]，是学生品德自我感悟、自我建构、自我生成，形成知行合一的真正品德的最理想模式[4]。从素养

---

[1] 李季.心理领导力：班主任的核心素养[J].中小学德育，2016（05）：13-16.
[2] 范群.对教师"苦口婆心"的冷思考[J].中小学德育，2015（10）：66-68.
[3] 莫雷.德性内生是德育心理学的一个重要命题——李季教授《德性内生：论儿童品德的自我建构》点评[J].中小学德育，2012（01）：23-24.
[4] 李季.走心德育：品德形成的深层引导[J].中小学德育，2017（02）：5-9.

生成和发展的本质意义上说，人的素质培养和发展最终都是学习者主体自我构建的过程。因此，"管束说教是下策，活动体验是中策，自我感悟是上策"①。

"亦师亦友，心理同龄"的情感共鸣式素养生成法。针对第二逆反期的初中生普遍具有叛逆心理和不喜欢成人说教式管教的特点，本着教育实效性原则，教师和家长应以"亦师亦友""心理同龄人"的身份与学生相处，即教师与家长同学生在生理年龄上虽然有差距和代沟，但在心理年龄上可以有共性，实现彼此认同。如果教师与家长能站在学生的立场，从学生的角度来看待事物和体验他们的心理需求，就容易与学生在认知方式、情感态度上处于"同一频道"，有"共同语言"，产生"同频共振"效应。同理，如果学生能换个立场，从教师与父母内心的真正希望的角度去体验、理解他们的说法和愿望，彼此就会有"心理同龄人式"的有效交流与沟通。因此，我们建议教师与家长对学生采取朋友式的"好话友好说"的沟通方式以实现有效交流。具体的做法是：①好话友好说；②要求建议说；③批评明确说；④表扬激励说；⑤换位理解说；⑥没话找话说；等等。相应的，我们也主张学生以"有话好好说"的方式同教师与父母沟通。"好好说"首先是一种请示、商量的态度；其次是一种主动和自觉解释、说明、说服的智慧；再次是一种慢慢说、清楚说、明白说的表达能力，让人清楚了解说的意图及背后的心理诉求。

沟通、交流、表达是人际相互影响的互动智慧，是情商的体现。从班主任工作实践效果看，家庭和家校中的有效沟通、交流、表达，不仅有利于促进学生知识能力、人格素养的自我转化，还能够融洽师生、亲子关系。因为师生、亲子冲突很多时候就是因为没有"友好说"和"好好说"而产生的。来自教师和家长方面的问题大多是不能以"同龄人朋友"的身份与学生沟通，而处于青春期的学生，由于情绪容易冲动，常常不能也不会"友好说""好好说"。说的方式不仅仅是表达者的问题，很大程度上还是聆听者的问题，比如在日常学习、生活中，教师与家长有没有耐心聆听学生的话语和心声。有效沟通是和谐家庭教育和积极家校共育的聚焦点、生长点，这也是情感共鸣式素养生成法的操作思路，即"有效果比有道理更重要"。

---

① 李季，贾高见. 中学德育问题与对策[M]. 北京：中国轻工业出版社，2014.

三、素养生成活动体系构建

从教育影响到体验感悟和内生外化的发展规律来说，学生素质养成不仅仅是一个教育到素养生成的过程，更是一个教育影响走进学生心灵，引领学生心灵成长的走心历程。[①]联通这一过程和心路历程的连接点是课程，尤其是主题性活动课程。小体验大素养主题活动课程正是基于这一思路进行设计和开展实施的，这是落实学生发展核心素养培育目标的根本保障和有效措施。

《中国学生发展核心素养》总体框架为培育学生发展核心素养和发展素质教育提出了明确、具体的发展方向。"成长配方——小体验大素养主题活动"根据中国学生发展核心素养的6大方面，整合核心素养发展横向层面的18种具体目标和纵向层面的小学、初中、高中3个学段的不同目标要求进行交汇性内容设计，构建小体验大素养主题活动促进学生发展核心素养生成体系导图（如下图所示）和小体验大素养主题活动促进学生发展核心素养生成体系（见下表）。

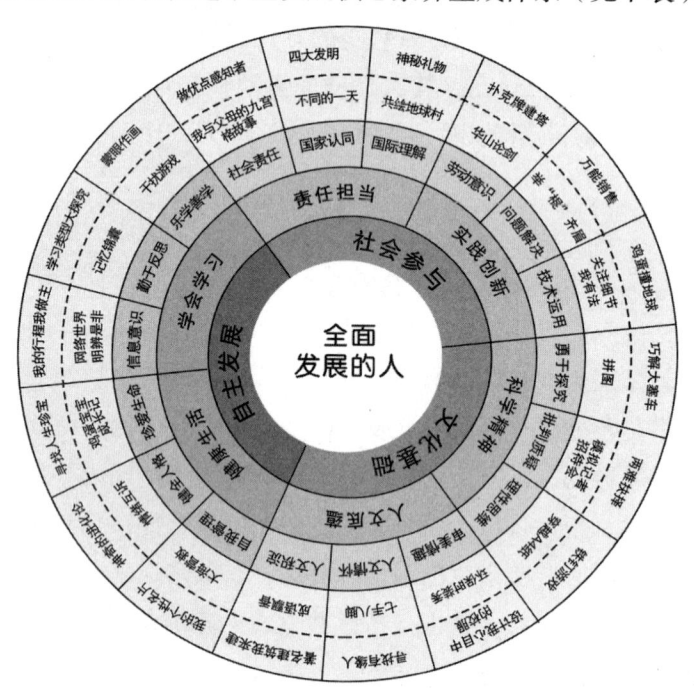

小体验大素养主题活动促进学生发展核心素养生成体系导图

[①] 李季.走心德育：品德形成的深层引导[J].中小学德育，2017（02）：5-9.

小体验大素养主题活动促进学生发展核心素养生成体系

6大素养18种要素	核心特质	走心班级活动主题	活动体验生长点
人文底蕴之人文积淀	智能学力		
人文底蕴之人文情怀	智能学力		
人文底蕴之审美情趣	智能学力		
科学精神之理性思维	智能学力		
科学精神之批判质疑	智能学力		
科学精神之勇于探究	智能学力		
学会学习之乐学善学	智能学力		
学会学习之勤于反思	智能学力		
学会学习之信息意识	智能学力	见各年龄段主题设计	见各主题内容设计
健康生活之珍爱生命	生命活力		
健康生活之健全人格	心理念力		
健康生活之自我管理	心理念力		
责任担当之社会责任	社会群力		
责任担当之国家认同	社会群力		
责任担当之国际理解	社会群力		
实践创新之劳动意识	生命活力		
实践创新之问题解决	智能学力		
实践创新之技术运用	智能学力		

学生核心素养的生成和发展是学校教育影响和学生自我建构学习活动的过程和结果，一般经历"课程教学—自主学习—体验感悟—自我建构—素质生成"的心路历程[1]。体验学习是学生自我建构学习的重要形式，走心德育是学生核心素养生成和发展的生长点。小体验大素养主题活动以促进学生发展核心素养的生成为导向，根据体验学习和走心德育原理设计，落实在班级教育活动之中，目标指向是学生发展核心素养的科学、全面发展。

---

[1] 李季.走心德育：品德形成的深层引导[J].中小学德育，2017（02）：5-9.

要点回顾

1. 聚焦学生发展核心素养，以立德树人为根本任务进行学校主题活动设计与实施指导。

2. 基于自然人、社会人、主体人的本质属性和三大人格特质，深化理解学生发展核心素养。

3. 以学生发展核心素养为基本取向构建小体验大素养主题活动体系，促进学生核心素养生成和发展。

一题思考

如何指导家长正确认识家庭教育对孩子一生发展的重要意义？家长在教育孩子方面应承担哪些法律责任？（检测家庭教育与家校共育指导基本知识、观念。）

第二章 发展要素——学龄特点原理

> 学生发展核心素养的培育指导，从生成机制上说，活动体验是有效载体，内生外化是内在机理，走心导向是生成历程；从影响作用上说，家庭教育是第一影响源，学校教育是关键影响源，学龄特点是核心影响源。如果说学生发展核心素养的生成是外在教育影响的结果，那么生成主体的学龄特点原理，则是"小体验大素养"家校共育主题活动设计与实施的成长规律指导原理。

学生发展核心素养，是家庭、学校教育共同影响的结果，学龄特点是其不可或缺的影响要素。（教育影响的外塑之路）

情景案例

老师，快用铁链锁住我的手！

班上的小林这段时间神色不定，敏锐的直觉告诉我，一定有什么事儿正困扰着他。于是，午休时我找他谈心，可他吞吞吐吐，欲言又止，我们便草草结束了谈话。没想到下午我在办公桌上看到了一封小林写给我的信，信的首页是一行用红笔描粗了的大字："老师，快用铁链锁住我的手！"

原来他在暑假里无意中点进了一个黄色网站，看了很多不堪入目的东西，让青春萌动的他一下子变成了脱缰的野马，染上了手淫的习惯并一发不可收，每天手淫达十次以上，导致生殖器红肿、发炎，每次小便都很痛苦。到了晚上，小林更是感到莫名的恐惧，睡不着，精神状态一天比一天差。他知道这样不好，可就是控制不住自己，想求助父母但他们每天早出晚归，好几次到了医院门口他却没勇气走进去，因为他觉得这样的病没脸见人。所以，他在哀求：老师，如果您不用铁链锁住我的手，我就只好一死了之！

小林曾经一直是我班上问题最多的学生。老师批评两句，他敢逃学一周；爸爸训斥一声，他敢菜刀相向。即便是这样，我也没放弃，像母亲一样疼他、爱他、帮他、带他。经过两年的努力，他进步了，成绩也提高了，决心要冲刺中考。可冲刺还没开始，他就跌入了青春期困惑的深谷。读着他的信，我不敢犹豫，因为湖南常德有个男生在中考失败后认为是手淫使自己成绩下降便毅然剪掉了自己的生殖器。我太了解小林了，他考虑问题一向偏激。于是，我快步走到教室，趁同学们没注意，告诉他放学后来我家吃饺子！

下午放学后他如期赴约，我让他洗手包饺子，他喃喃地说："老师，我……我手脏！"我假装不解："脏什么？洗洗不就干净了嘛！"

饭后，我跟爱人低语了几句，爱人就出去了。我对小林说："你天天都到我家吃饺子。"他一脸的苦笑。我笑着说："饺子好吃，老师知道你也喜欢吃，可为什么让你天天吃就不开心了？你的问题就像吃饺子一样，青春期的孩子都会发生。其他孩子能把握度，但你过了度，才有今天的困惑。"

他似乎明白了什么，怯怯地说："所以，我才想让您锁住我的手。"我笑着说："锁住你的手，你怎么去上学啊？"

正聊着，我爱人领着我曾经的学生回来了，他现在是人民医院泌尿科的医生。他一进屋就给小林做了检查，并给他涂了外用药，又开了几盒内服药。我拉着小林的手，恳切地说："照医生说的做，好吗？克服任何毛病都需要勇敢和坚强。"他含着泪点了点头。一连三天，小林乖乖地来换药、吃药，我跟他聊青春期性健康的话题，随着性知识的增加，他的精神一天天好起来，我看到了他久违的笑容。

孩子过度手淫，总的原因是缺少关爱。孤独了就会用不正当的手段来排解。与其锁住孩子的手，不如打开孩子的心。让我们付诸爱的行动，用爱打开孩子的心锁。

初中生具有心理敏感且不愿意对成人讲心里话的心理特点。班主任的教育艺术就体现在敏锐地捕捉具有教育价值的细节上，如果教育过程中有更多的细节被注意、被发现、被发觉，那么教育就一定会变得更美丽、更迷人。这样，教育就会走进学生的内心世界，就能赢得学生的阵阵掌声，事实上，教育的个性就蕴藏在那些生动鲜活、精彩迷人的细节中。

（全国优秀班主任何汝玉的细节德育故事）

微言感悟

初中生正处于青春发育的"暴风疾雨期"和"心理闭锁期"，属于心理矛盾阶段。该阶段的心理有两大鲜明特点：一是动荡的心理矛盾，心理闭锁（孤独感）与强烈的交往需要的矛盾，心理断乳期时的独立性与依赖性的矛盾，求知欲望高与识别能力低的矛盾。二是强烈的心理冲突，自我意识问题，表现为成人感及独立性（敏感、自尊、同伴压力）；情绪问题，表现为冲动性与波动性；意志问题，表现为有自觉性但自制力不强；人际交往问题，表现为孤独感与交友渴望。

教育者要认识和掌握这些特点和规律，成为初中生的"心理同龄人"，这样才能有效走进他们的内心世界，引导他们的心灵成长。

一、家庭教育是第一影响源

家庭教育是孩子健康成长的第一影响源，即最重要、起着决定作用的影响因素，父母、长辈在孩子和后代的生活中扮演着非常重要的角色，是孩子成长的"重要他人"，即在孩子成长过程中最重要、影响最深远的人。这是由家庭教育的本质内涵与特征决定的。家庭教育具有亲缘性与不可替代性，早期性与深刻深远性，随时性与潜移默化性，终身性与自觉传承性等四大本质特征。这是任何其他教育包括正规和正式的学校教育以及影响越来越广泛和普遍的社会教育、网络教育都无法代替的。

家庭教育中影响子女的主要因素有家庭文化氛围、父母教育意识、家庭成员素养等。家庭教育的任务一般包括制订家庭教育和亲子共同学习成长计划；积极配合学校和班主任，家校协同共育；重视子女的身心健康和行为品德教育，立德树人。家庭教育关系孩子的终身发展，关系千家万户的切身利益，关系民族复兴大业和国家的未来。

父母与子女是血缘关系，具有亲缘性。在法律意义上，父母有一种角色责任。孩子未成年时，父母对子女有监护权和养育责任，父母是孩子的第一任教师，担当养育孩子的职责。作为孩子的养育者和监护人，抚养、教育、保护孩子健康成长，就是父母的法律责任。据此，《教育部关于加强家庭教育工作的指导意见》明确提出，教育孩子是父母或者其他监护人的法定职责，父母必须依法履行家庭教育职责。近年来，全国多个省市制定了家庭教育促进条例，要求父母双方共同履行对未成年子女的家庭教育义务。

习近平总书记明确提出注重家庭、注重家教、注重家风的"三注重"家庭思想。他强调，家庭是社会的基本细胞，是人生的第一所学校，父母是孩子的第一任老师，家风是一个家庭的精神内核。无论时代如何变化，无论经济社会如何发展，对一个社会来说，家庭的生活依托都不可替代，家庭的社会功能都不可替代，家庭的文明作用都不可替代。有什么样的家教，就有什么样的人，家长特别是父母对子女的影响很大，往往可以影响子女的一生。因此，父母要树立良好家风，自觉承担家庭责任和教育后代的责任，"帮助孩子扣好人生的第一粒扣子，迈好人生的第一个台阶"。唯有"千千万万个家庭的家风好，子女教育得好"，整个社会风气才有好的基础；也唯有每一个家庭的家风好，千千万万个家庭才能"成为国家发展、民族进步、社会和谐的重要基点"。

二、学校教育是关键影响源

学校教育是学生素质发展过程中的关键性影响因素。这是由学校教育的本质特征决定的。学校教育具有专门场所、专用课程、专业教师教书育人的专业性优势，以及其他影响途径和方式无法替代的正向性、全面性、融通性等特点，在培育学生发展核心素养的过程中富有引领价值，并协同其他影响因素对未成年人素养培育的生态发展具有导向作用和共育功能[①]。

学校教育影响的本质是价值导向。价值观是人对客观事物的看法、态度、判断、评价与选择，如品质特性、真伪、善恶、美丑、是非、功能和作用的强弱，以及效果的好坏和意义的大小等。价值观是思想的灵魂，是品德的内核，是行为的指南；核心价值观更是具有导向、统领的意义。培养正确的价值观是未成年人思想道德建设的重心，是学校立德树人的重点，是中小学德育工作的使命。未成年人的价值观正处于形成和发展的关键期，社会环境特别是社会文化对未成年人价值观的形成和发展有着举足轻重的影响。但社会文化影响因素良莠并存，任其自然而然地影响不利于未成年人正确的核心价值观的形成和发展。因此，正确的价值观导向殊为必要，是未成年人思想道德建设永不落幕且历久常新的主题。[②]价值观导向要求学校教育不仅要根据中小学生思想道德变化发展审时度势地进行有针对性的主题价值引领，还要在实践上进行与时俱进的富有实效性的指导。

---

① 李季. 第四教育力营造与第一影响源重构——论家校合作共同体建立与协同育人模式构建[J]. 中小学德育，2018（01）：11-15.

② 李季. 价值观导向：未成年人思想道德建设永不落幕的主题[J]. 课程教学研究，2018（12）：11-17.

针对长期以来的模式化的德育状况，基于中小学生品德发展实际和德育特点与规律而提出的德育创新策略，是提升德育实效性，有力、有效引导中小学生价值观与品德健康发展，引领德育科学发展和走向未来的重要思维方式和驱动力。

中小学德育创新推动学校特色品牌发展和促进未成年人思想道德建设的理论和实践创新样式，可以从社会变化与文化视角和价值导向与走心策略视野来寻找，如"叙事德育""体悟德育""走心德育""生态德育"等。改革开放40多年来的德育经验告诉我们，唯有坚守核心价值观导向，坚信德性内生规律，坚定走心德育策略，坚持德育创新，才是推动未成年人思想道德建设，将社会主义核心价值观融入中小学教育全过程，落实中小学立德树人根本任务和促进学校德育一体化、科学化、专业化生态发展的必由之路。[1]

学校还要充分认识加强家庭教育工作的重要意义，进一步明确家长在家庭教育中的主体责任，充分发挥学校在家庭教育中的重要作用。学校加强家庭教育指导是家校共育的重要内容。学校加强家庭教育指导具有促进少年儿童健全发展和亲子共同成长，提高家长家庭教育素养和增强家庭教育科学性、实效性的作用。家庭教育指导工作是学校德育工作的重要部分，是落实学校立德树人根本任务不可或缺的内容。

本质为价值导向的学校教育影响不仅是科学、专业、专门的影响，更是规范、正面、正向的影响。因此，学校要培育学生德、智、体、美、劳全面发展，落实立德树人的根本任务；班主任必须坚持全面贯彻国家教育方针，坚持贯彻落实习近平总书记提出的"三注重"家庭思想、《教育部关于加强家庭教育工作的指导意见》、《中小学德育工作指南》，进行班级管理和组织班级主题教育活动，以真正发挥学校教育作为学生成长关键影响源的作用。

针对当前家庭教育"学校化"、家校合作表层化和学校对家庭教育工作指导认识不到位、水平不高等现状，可采取以下措施加强学校对家庭教育的指导：

第一，加强学校对家庭教育指导工作重要意义的认识，要把家庭教育指导作为学校德育的一项常规工作加以规范，落实人员、计划、责任、分工、实施等；第二，探讨学校进行家庭教育指导的特点，落实以培训班主任为主体的家庭教育

---

[1] 李季. 从被动应对到积极导向：广东学校德育40年改革发展之路[J]. 中小学德育, 2018 (10) : 4-10.

指导教师队伍建设；第三，研究切实提高中小学和幼儿园家长家庭教育素养的有效途径和方法；第四，设置学校指导家庭教育的专业课程，通过专业课程指导家长提高家庭教育科学素养。

三、学龄特点是核心影响源

影响学生素养生成和健康成长的因素虽然很多，但实质上只有两类：外在影响因素和内在影响因素。外在影响因素是所有起着影响作用、左右素质发展的外部条件，是素质发展主体之外的所有影响源的总和；内在影响因素是素质发展主体的自我发展基础条件，一般包括身心发展基础、年龄特征和个性心理特点、自主发展意识，以及自我构建意识、能力、动力水平等，具体来说，就是学龄阶段的心理认知、情绪感知、意志生成、行为发展基础、个性心理特征、学习与信息加工能力、道德品质和人际社会适应水平等状况。

那么，初中学龄阶段的学生的年龄特征和心理特点对其素质生成和发展起什么作用呢？

初中阶段，是人的少年时期，是人生理、心理的发育期，因此被称为花季雨季或者暴风骤雨时期。初中生心理发展的基本特征是矛盾与冲突，主要表现为思想意识与心理行为的不稳定性、情绪的两极性和行为的反叛性，一般表现为以下8大心理特征：

（1）心理断乳期——独立性与依赖性并存，经常矛盾交织。

（2）第二逆反期——不满现实，喜欢反叛、批判成人和标新立异。

（3）暴风疾雨期——精力充沛，情绪波动，行为冲动，激烈情绪极易爆发，动作行为常常在理性之前出现。

（4）心理闭锁期——对成人世界闭锁，对朋辈同伴开放。

（5）自我专注期——自我关注，自尊心强且敏感，寻求自我同一性。

（6）异性向往期——异性交往开放，性冲动与烦恼。"烦"是这一时期经常性的心理体验和感受。

（7）同伴压力期——同伴友谊增强，同辈压力增大。同伴压力也是这一时期常见的心理困扰和烦恼。

（8）学习分化期——学习方式转折点，学习成绩分水岭，学业成绩优秀者增强了自觉性，而学习成绩不良的学生这一时期常常会打退堂鼓。

我们着重分析初中生情绪行为、自我意识和品德行为的特点对其素质发展的影响作用，以启发家校设计和制订相应的教育对策和班级活动来引导他们品德心理的健康发展。

（一）初中生情绪行为的特点

1. 初中生的情绪表现充分体现出半成熟、半幼稚的矛盾性特点，表现出明确的两面性。

（1）情绪的两极性。初中生的情绪表现有时是强烈而狂暴的，有人曾用"疾风暴雨"一词来形容初中生情绪强烈的特点。同样一个刺激，在他们那里所引起的情绪反应强度相对大得多。但初中生的情绪表现有时也表现出温和、细腻的特点。情绪的温和性是指个体的某些情绪是在文饰之后，以一种较为缓和的形式表达出来。情绪的细腻性是指个体情绪体验上的细致的特点。初中生正逐渐克服儿童时期情绪体验的单一性和粗糙性，情绪表现变得越发丰富和细致，而且有些情绪感受并非直接由外部刺激引起，而是加入了许多主观因素，如通过他们的主观思考和遐想而派生出来的较为复杂的情绪体验。因此，初中生的情绪表现存在两极性。

（2）情绪的可变性和固执性共存。情绪可变性是指个体情绪体验不够稳定，常从一种情绪迅速转为另一种情绪的特点。情绪的这种特点存在的原因主要是个体情绪体验不够深刻，初中生尽管表面上情绪表现的强度很大，但情绪体验的深度并不与此成正比，一种情绪容易很快被另一种情绪取代。情绪固执性是指个体情绪体验上的一种顽固性。初中生在对客观事物的认识上还存在着偏执性的特点，因而带来了情绪上的固执性。

（3）情绪的内向性和表现性共存。情绪的内向性，是指个体情绪表现形式上的一种隐蔽性。初中生在情绪表现上可将喜、怒、哀、乐等各种情绪隐藏于心中而不予外露。情绪的表现性是指个体在情绪表露过程中，自觉或不自觉地带上了表演的痕迹。

2. 初中生心理整合过程中出现的消极心境。

人类个体要达到身心和谐，就必须完成心理整合过程中的两个环节：其一，持续性环节——个体能意识到现在的"我"是由过去的"我"发展变化而来的，自己的现在和将来的一切都是在过去的基础上发展起来的；其二，统一性环节——个体能意识到自己是一个受各方面影响的统一、协调的整体。初中生随其生理上发生的巨大变化，在心理整合的持续性环节和统一性环节上会出现暂时的混乱，结果可能导致他们不能很好地接纳自己，出现一些消极心境。主要的消极心境有如下三种类型。

第一，烦恼突然增多。进入青春期后，许多新的问题接踵而至，使初中生难以在短时间内适应，从而令烦恼增多。烦恼主要表现为两种"不知道"，一是初中生不知道应该以何种姿态出现于公众面前；二是初中生不知道如何确立或保持自己在同伴之中应有的地位。随着青春期自我意识的迅速发展，初中生希望同伴能接受自己、肯定自己、喜爱自己。但两种"不知道"往往又困扰着此时期的初中生，导致他们烦恼增多。

第二，孤独感增强。随着青春期的到来，初中生将在心理上脱离父母的保护及对父母的依恋，逐渐成长为独立的社会成员。这一现象称为"心理断乳"。"心理断乳"会给青少年带来很大的不安，因为此时期的初中生在主观上有独立的要求和愿望，但实际上很难在短时间内适应独立生活。在内心冲突和现实挫折面前，他们还不能依靠自己的力量和能力去解决，又不愿求助父母或其他人以免让自己的独立人格受损，因此产生一种孤独的心境。

第三，压抑感增强。压抑感是当需求、愿望得不到满足和实现时，个体产生的一种心理体验。初中阶段学生的需求是多方面的，既有生理方面的，也有心理方面的。但此时有许多需求是还不能被满足的，如由于自我意识剧烈膨胀而产生的独立需求、由于自身经验不足而产生的成功价值感的需求等。加上学业和人际交往的压力，初中生的自尊心易受到打击，但又有争强好胜的冲动，在这种矛盾的情形下，他们常常处于压抑的心境。

（二）初中生自我意识的特点

1. 初中生自我意识的发展。

自我意识是个体对自己身心活动的察觉，即自己对自己的认识，主要包括认识自己的生理状况、心理特征和自己与他人的关系。青春期是人自我意识发展的第二个飞跃期。进入了青春期的初中生，生理开始发育，开始出现了第二性征。这种生理的变化来得迅猛，初入青春期的学生可能会觉得不适应，往往会有一种惶惑的感觉。伴随着心理的发展，他们自觉或不自觉地将自己的思想从客观世界中抽回很大一部分，重新指向主观世界，使内在思想意识再一次进入自我世界，从而引起自我意识的第二次飞跃。

2. 初中生的自我关注与"心事秘密"。

初中阶段，学生的内心世界越来越丰富，他们在日常学习和生活中会花更多时间来内省，会开始追问"我到底是个怎么样的人？""我的特征是什么？""别人是喜欢我，还是讨厌我？"等一系列关于"我"的问题。这些现象往往会体现在其作文或日记当中，所以初中生的日记更侧重于阐发自己的体会和感受，这些体会和感受直接来自我观察、自我反省、自我批评及自我期望等。自我意识的发展带来的是人格独立的需要，所以初中生开始将日记作为自己的绝对秘密，细心保管，不许别人翻看。许多父母不了解这一点，总认为孩子有什么见不得人的情感秘密或者心事，总想打开孩子的抽屉查一查日记，殊不知这会导致亲子之间的不信任和冲突。

3. "第二逆反期"与反抗心理的出现。

个体成长过程中，一般有两次典型的逆反心理时期："第一逆反期"出现在2~4岁的幼儿期；"第二逆反期"出现在10~15岁或11~16岁的小学末期至初中阶段的青春发育期，主要表现为个体对一切外在的强加力量和父母的控制予以排斥的意识和行为倾向。两次逆反期有共同点，一是个体独立自主意识的增强，向父母要求独立自主权；二是个体反映出成长和发展的超前意识。第一逆反期的儿童具有"长大感"，第二逆反期的少年具有"成人感"。两次逆反期也有不同点，第一逆反期的独立自主性是要求按自我的意志行事，主要是要求行为自主和行事自由，反抗父母的过度保护和代替；第二逆反期的独立自主性是要求人格独立，要求社会地位平等、精神和行为自由、反抗父母的控制。

（1）青春期初中生的反抗心理是普遍的个性心理特征，主要表现为对一切外在力量予以排斥的意识和行为倾向，原因是多方面的。其一，初中生生理机能的发育特别是神经系统活动的活跃和敏感是导致其反抗心理出现的必然因素。其二，独立意识的出现及父母"关心式的束缚"是初中生产生反抗心理的又一重要原因。其三，自我意识的突然高涨及自我独立形象的受挫是导致反抗心理出现的最重要原因。

（2）初中生的反抗心理出现的目的往往是希望成人能尊重他们，被承认具有独立的人格，能享受成人的权力。当这些内在渴望和需求受阻时，他们就很容易出现反抗心理。具体行为表现为：

①独立意识受到阻碍时——初中生内心的独立要求很强烈，但父母往往没有这种思想准备，或者说尚未来得及适应这种情况，仍以过去那种十分关怀的态度对待他们，结果导致初中生反抗行为的出现。

②自主性被忽视或受到妨碍时——父母"专制式"的教育方式让孩子处于被支配、从属的地位，这样往往会导致初中生反抗行为的出现。

③个性发展受到阻碍时——父母"关心式的束缚"常常激起初中生的反感，从而导致初中生反抗行为的出现。

（3）初中生的反抗方式具有多样化特点，有时表现得很强烈，有时则以内隐的形式对抗。

①态度强硬、举止粗暴的形式——这种形式的反抗是初中生以一种"暴风式"的方式对抗某些外在力量，这种反抗行为发生得十分迅速，常使对方措手不及。这种情况下，任何劝导都无济于事，但事态平息后，这种强烈的反抗情绪也将较快地消失。

②漠不关心、冷淡相对的形式——这种形式的反抗并不表现在外显行为上，而是存在于内隐的意识中，其往往会出现在性格内向的初中生身上。他们不直接顶撞对方，而是采取一种漠不关心、冷淡相对的态度，对对方的意见置若罔闻。

③反抗具有迁移性的形式——当某人某方面的言行引起了初中生的反感时，初中生就倾向于将这种反感及排斥迁移到这个人的其他各方面，甚至将这个人全部否定。这种负面情绪的反抗迁移性常使初中生在是非面前产生困惑，难以做正确的抉择。

教育者尤其是父母，要正视青春期的孩子独立自主、地位平等、尊重人格的心理需求，特别是要努力成为孩子的"心理同龄人"，学会换位思考，以与孩子进行有效沟通，有要求的话要像朋友一样"友好说"，学会耐心倾听孩子说话。友好的亲子、师生关系是化解青春期孩子逆反问题和矛盾的关键途径。

（三）初中生品德行为的特点

美国心理学家柯尔伯格认为人们在各阶段有自己的关于价值问题的思维方式，即"三水平六阶段论"[①]。

1. 水平一：前世俗水平（9岁前的大多数）。

第一阶段：惩罚与服从取向阶段。儿童评定行为的好坏，主要看行为的结果，认为受赞扬的行为就是好的，受惩罚的行为就是坏的。

第二阶段：相对功利取向阶段。儿童评定行为的好坏，主要看行为是否符合自己的要求和利益。

2. 水平二：世俗水平（10~20岁的大多数）。

第三阶段：寻求认可取向阶段。处于此阶段的人认为凡取悦别人，帮助别人以满足他人愿望的"好孩子"行为是好的，否则就是坏的。他们的价值推理受众人的共同愿望和一致意见的影响较大。

第四阶段：遵守法规和秩序取向阶段。处于此阶段的人认为，正确的行为就是尽到个人责任，尊重权威，维护社会秩序，否则就是错误的。他们已经意识到良心与社会体系的重要性。

3. 水平三：后世俗水平（20岁后的部分人）。

第五阶段：社会契约取向阶段。处于此阶段的人认为，道德法则只是一种社会契约，可以改变，不能以不变的规则去衡量人的行为。

第六阶段：普遍伦理取向阶段。处于此阶段的人已具有抽象的、以尊重个人和个人良心为基础的道德概念，认为个人一贯地依据自己选定的道德原则去做就是正确的。

初中生的道德判断主要以第二阶段和第三阶段为主，即天真的利己主义和"好孩子"的定向。道德判断的第二阶段，遵守规则的个体是为了得到奖赏和满足个人的需要。道德判断的第三阶段，所谓的正确就是得到他人的认同，主要是根据人们的意图来判断自身行为的好坏。在处于青春期的人群中，大约有80%的人处于这两个阶段。而道德判断的第四阶段，所谓的正确就是遵从合法的权威和规则，而遵从的原因是为了维护一个值得维持的社会规则和法律的信念。个体思

[①] 柯尔伯格.道德教育的哲学[M].魏贤超，柯森，译.杭州：浙江教育出版社，2000.

维在这一阶段就受到内部支配，具有了理想性思考的能力。

处于青春期的初中生的品德行为的发展趋势是从前世俗水平向更为世俗化的推理水平转变。在这个过程中，初中生开始对父母与权威人物提供的道德标准表示出一种真正的关注、思考和评判，甚至批评。

学校德育和班主任工作包括班级主题活动设计与实施，要根据和尊重初中生情绪行为、自我意识和品德行为的特点，结合走心德育、德性内生、体验学习、素质生成等原理来设计、规划、组织、实施班级主题活动，以更科学、有效地发展学生的核心素养。

根据初中生的年龄特点，家校可以采取富有针对性和实效性的成长指导策略——朋友式影响策略，即与初中生成为"心理同龄人"，主要做法是成长指导——自主学习、活动教育——自主体验、叙事德育——感悟成长、对话引领——心理辅导、同伴影响——互动成长，常用的方式包括积极心态营造、正念情绪管理、正向人际沟通、教练技术等心理原理技术。学校和班主任要系统设计和实施体验式走心主题班会课与班级活动课程，以对他们进行自助成长指引[①]。

要点回顾

1. 父母是孩子成长的"重要他人"，教育孩子是父母的法定职责，家庭教育是孩子成长的第一影响源。

2. 重视教育影响的多元化和科学性，学校教育是初中生发展核心素养的关键影响源。

3. 注重学生发展核心素养的学龄特点，学龄特点是初中生素养生成的核心影响源。

4. 学校德育和班主任工作要尊重初中生情绪行为、自我意识和品德行为的特点，以更科学、有效地发展学生的核心素养。

---

① 李季. 主题班会课的生态德育原理与发展新样态［J］. 中小学班主任，2018（06）：24-27.

一题思考

学校如何指导父母认识家庭教育与孩子成长的重要关系？如何加强家庭教育指导，向父母提供与处在"心理闭锁期"的初中生有效沟通的方式？（检测家庭教育与家校共育在亲子有效沟通、习惯指导方面的观念与技术。）

第三章 内生外化
——素养生成原理

> 一直以来,我们都坚信人的素养生成和发展是教育的结果。然而,学生发展核心素养是教育积极影响下个体素质的内在自主生成和行为自觉外显的过程。内生外化是"小体验大素养"家校共育主题活动设计与实施的素养生成指导原理。

学生发展核心素养的生成，从形成机制上说，是一个内生外化的过程。（素养生成的内生之路——内生机制）

情景案例

生日礼物

"生日礼物"讲述的是一位父亲把记录孩子成长的日记作为孩子的生日礼物并提前送出的故事。故事中的父亲是一位小学校长，母亲是一位班主任。一贯宽容而理性的校长父亲和一贯追求完美而严厉的班主任母亲与一向自觉而"听话"的儿子发生了一次亲子冲突。冲突的起因是儿子第二天一早必须提交的作业因电脑故障未能及时完成，母亲误认为是孩子半夜玩电脑导致，一气之下责骂了儿子；儿子不能忍受被冤枉，恼怒之下用"粗口"骂了母亲；父亲不能容忍孩子的野蛮行为，一怒之下打了儿子一巴掌。于是，出现了"多米诺骨牌效应"——儿子当场拿起书包夺门而出并扬言要离家出走再也不回这个家。父亲冷静下来后，看儿子无法被劝阻，便塞给儿子一份提前了两个月的生日礼物——一本记录了儿子成长故事及每一个特殊日子的"成长日记"。离家出走后的儿子翻开了成长日记，第一篇是他出生时，母亲难产，却对医生说"保孩子放弃我"的情形。后面还有许许多多他曾经经历却不曾记得或懂得的事情，仿佛都在眼前重新展开，流露着博大无私的父母之爱。离家出走的儿子在下半夜不由自主地回到家中跪在父母面前，请求父母原谅。

听了这个故事的我在想，假如这份普通却厚重的生日礼物，在孩子庆祝生日，唱着生日歌或吃着生日蛋糕的时候送给孩子，情形会怎样？还会不会有如此感人的效果呢？

肯定不会！对于正处于情绪容易激动和冲动、自我意识和心理敏感性逐渐增强的青春期的孩子而言，具有共情体验的情景才能产生更有意义的教育影响。能触动人的心灵和让人感动而感悟、感悟而明理的自我感悟的方式，才是真正适合和有效的教育方式。

微言感悟

学生品德养成的本质是品德内生外化的过程,是品德的自我构建,而在这一过程中起着关键作用的是学生的共情体验和感悟明理。

一、品德养成的内生外化之路

(一)内生外化是品德养成的关键

品德教育是帮助和指导学生良好品德自我构建的过程。品德教育工作和班主任工作,不仅要有明确的德性生成目标,即品德知、情、意、行的形成目标和发展目标,还要有实施的内容、途径、方式和过程,更为重要的是教育教学的情景设计和教育者的指导要尽可能让学生自觉、主动地经历和体验这一品德心理要素形成和发展的心路历程,以实现品德的自我构建、德性的生成与素质的发展。让品德形成经历心路历程,以实现德性内在生成是"走心德育"的原理实质,是唤醒心灵的教育艺术,是班主任工作的智慧,更是体验式走心活动设计的灵魂。

(二)体验感悟是内生外化的转化点

促进学生德性内生有许多途径,如品德教育活动、综合实践、社团活动、校园生活、社会生活等,其中品德教育活动是最常用和最直接的方式和途径。品德教育活动的主要意义在于体验,体验是一种内在的学习方式,它的实质是学生亲身参与、积极经历和自主自觉的感悟。在活动过程中,学生在对新情景感知的基础上,充分运用自身已有的知识与生活经验,通过感悟或体验,获取新的知识或技能。如意大利教育家马利亚·蒙台梭利所言:"让我听,我随后就忘记;让我看,我就能记住;让我做,我就能真正理解。"[1]体验是一种活动,也是活动的结果。作为一种活动,体验即主体亲历某件事并进行反思;作为活动的结果,体验即主体从亲历和反思中获得认识和情感。

从学校品德教育的意义上说,体验是学生道德体验学习的过程,包括道德认知体验学习、道德情感体验学习和道德行为体验学习;从学生品德生成的意义上说,体验是一种活动性学习、行动性学习、情景性学习,活动体验、实践体验、

---

[1] 马利亚·蒙台梭利. 蒙台梭利文集第一卷:发现儿童[M]. 田时纲,译. 北京:人民出版社,2014.

真实体验、情境体验、情绪体验、情感体验等都是体验学习的有效方式。

从德性内生的意义上说，体验产生感悟。学生在课程中、生活中、活动中、情境中、学习中体验，在体验中内化与反思，在内化与反思中感悟，在感悟中内省与升华，继而实现品德的形成与发展。换言之，没有体验感悟，就没有德性内生；没有德性内生，就没有品德的形成和发展。

二、品德素质内生外化的养成

学校品德教育的根本目的是帮助学生成为自己人格的主体和品德的主人。因而，德性内生的核心是学生品德素质的自觉养成。品德素质自觉养成的实质是让学生成为自己心灵的主人。这是中小学立德树人根本任务的愿景，也是班主任工作和体验式走心班会课与亲子活动设计和实施的目标取向。

由他律到自律，是学生品德发展进程的基本规律。著名儿童心理学家皮亚杰的这一发现，揭示了自律对学生德性内生和品德素质自我构建与自觉养成的价值，对学生品德心理发展具有重大的指导意义。这一规律告诉我们：

首先，品德教育必须遵循学生成长的年龄特点和自然规律，循序渐进才能实现品德由他律到自律的发展。

其次，他律意义的品德教育目标、内容、过程、途径、载体等的设计与实施，要注重规范性、针对性、可接受性和有效性，这样才能创造出德性内生的条件。

再次，关于自律品质素养的培育，学校品德教育要强化道德认知主体的自我意识、自我规范、自我约束和自我反思，以达到道德自律的效果和境界。

最后，品德他律是品德自律的基础，他律阶段要重视基础性品德行为规范与行为习惯的养成；自律阶段要重视品德认知和品德价值观念的建立，而德性内化和内生在这一过程中起着至关重要的作用。

然而，自律不是品德教育的终极目标，学校品德教育对学生思想品德素质的培养不能只停留在自律的层面。原因有以下几点。

第一，中小学教育以立德树人为根本任务。立德以"立"为本，立的不仅仅是自律之德，更是作为道德主体的学生的自主、自觉、自愿、自动、自为之德。

第二，自律只是人的内在品德发展的一种自我管理和自我约束功能，它维持的只是个体的"不给别人添麻烦"和做一个"听话的乖孩子"，以及成为一个

"遵纪守法的公民"的品德水平，人的品德的更高境界是自觉与自为。可以这样说，品德自律的底色基本上是"私德"行为，而品德自觉与自为的基础主要是"公德"行为。无论是从个体品德发展的意义上说，还是从学校教育目标的意义上说，抑或是从现代公民意识培养的意义上说，自觉与自为都应该是品德发展与教育的目标。中小学品德教育允许并应该设计不同层次的目标要求，但对于以学生发展核心素养培育为己任的学校教育而言，实现品德的自觉与自为，是最需要大力倡导的目标取向。

第三，品德自律强调和注重的是约束性、局限性、压抑性的品德自我管理机制，而品德自觉与自为倡导和形成的是激励性、自觉性、自动性的品德自我发展机制。两者对人的品德形成和发展的积极能动作用的发挥，特别是在动力能量、可持续性和创新发展等方面的功能和意义，是不可同日而语的。当然，品德自律和品德自觉与自为作为人的品德发展不同阶段和不同层次的目标，它们之间是一种相辅相成和相互制约的辩证关系，而非彼此取代的关系。因此，把品德自觉与自为作为中小学品德教育促进学生品德形成和发展的终极目标，有助于引导学生品德的健康发展，有利于落实立德树人的根本任务和提高国民的现代公民意识。因为品德自觉与自为能将品德自律的"私德"行为拓展为更有利他性的"公德"行为，如志愿者行为等，有利于激发和培育学生积极向上的人生态度和助人利他、奉献社会的良好品格。

品德自觉与自为的核心内涵是做一个在品德上有自主自为的人。把品德自觉与自为作为学生品德发展的终极目标，并不等于它是至高无上或高不可攀的。人的品德作为可大可小，做一个品德自觉与自为的人，应该成为全社会的一种公民意识、道德需要和人格向往。因此，学校品德教育的关键，是激发、引导和帮助学生形成以自觉和自为品德为核心价值导向的道德理想、道德意识、道德情感和道德需要，这样才能真正促进学生品德自觉与自为行为的形成和发展。

三、积极心理品质的自我构建

从立德树人这一根本任务的要求和"走心德育"的目标，以及体验式走心班会课与亲子活动设计目的来看，中小学生的德性内生有三种境界：第一境界是自然性的德性内生；第二境界是自主性的德性内生；第三境界是自觉性的德性内生。三种德性内生境界层次的不同，在于主体参与的主动性、积极性、身心投入状态以及体验感悟程度的不同。如同听课学习或学习某种技能的三种状态，一是被动跟随学，即"要我学"；二是自主愿意学，即"我愿学"；三是自觉主动学，即"我要学"。三种状态下的学习效果自然也不一样。

德性内生的三种境界相辅相成，互相促进，循环共生，协同发展。而品德发展的最高境界，自然是追求自主、自觉的德性内生。自主、自觉的德性内生是个体的一种积极心理品质，是学生发展核心素养中的关键品德能力素养。

与家庭教育尤其是家校共育有密切关系的学校德育工作、班级管理和班级育人活动，对激发和培育学生德性内生的积极心理品质具有重要的作用。因此，班主任在常规工作尤其是主题班会课和亲子活动中，要注重学生自主、自觉的德性内生的积极心理品质的培育，积极促进学生核心素养的发展。而如何运用积极心理学原理开展积极、有效的班级立德树人活动，是当前班主任工作特别是主题班会课的关注点。

积极心理学是当代心理学的主流理论，对学校德育、班主任工作和家校共育有十分重要的实践指导意义。积极心理学的基本原则是关注人的优点和长处、关注人的幸福感、关注如何给人正能量、关注人的潜能及天赋、让人获得成就感和价值感。这对于学校德育、班主任工作、家庭教育、家校共育来说，意义尤为重大。

近年来，我们一直致力于积极心理学在学校德育、家庭教育和班主任工作中的应用研究，探索在积极心理学理论的指导下赋予人幸福感和正能量的积极教育和积极班级活动模式。通过这些探索，找寻积极心理品质内生外化的自我构建与生成方式，进而找到唤醒学生心灵的方式，点燃学生内心的希望火把，温暖学生的情感世界，提升学生的幸福感，生成学生德性内生的动力。

（一）实施积极为本的班级管理

积极为本的班级管理运用在班级和亲子活动中，一是可以激发和培育学生的积极心态，让更多拥有消极心态的人转变为拥有积极心态的人；二是可以唤醒和激励每个人心中那个积极向上、乐观进取的"我"，并帮助和指引学生寻找两个"我"之间的"同一性"，以促进他们的"自我同一性"与心理的健全发展，同时引导学生学会用积极的心理意识和思维习惯引领自我成长；三是可以开发和拓展学生的积极心理潜能，让积极心态和正能量成为每一个学生的成长指引和人生财富。

实施积极为本的班级管理，尤其主张每个人，无论是学生、老师还是家长，都要学会自己调整心态，自己去提升生活中的幸福感，让自己积极地投入生活以获得更多生活的意义，这才是持续体验幸福的途径。而这也是班级管理工作中不可或缺的内容，尤其是作为学生成长导师、肩负着品德教育和心理教育双重任务的班主任老师的重要职责，是素质教育的宗旨和教育公平的使命。

积极为本的班级管理的实质，一是唤醒和形成班级共同体的共同成长愿景、积极进取精神和发展的正能量；二是增强班级的凝聚力、向心力和互动激励效应；三是激发和培育班级成员的美好生活憧憬、乐观情绪态度和自我完善意识。

积极心理学之父、美国心理学家马丁·塞利格曼在《积极的精神与美德：分类与手册》中将积极心理划分为智慧、勇敢、仁爱、公正、克己和超越自我6种美德及其所涵括的好奇、乐观等24种积极人格特质[1]。教育具有让积极人格特质引导学生的健康成长，从而丰富他们未来人生的作用。革命导师马克思认为，"教育绝非单纯的文化传递，教育之为教育，正是在于它是一种人格心灵的唤醒"[2]。教育的真正价值和意义，毫无疑问是在后者。然而，现实的教育奉行"转变学生思想"和"升学考试分数"两大原则，关注点往往不是学生身上积极心理潜能和优秀品格潜质的激励、唤醒，而是发现和克服他们身上的缺点、不足和问题。因而，学生身上的正能量资源常遭受忽视、压抑，甚至被泯灭。

为此，学校教育尤其是班主任工作在创新教育发展中，要做到：第一，要坚定和坚持"拓潜正能"，通过教育开发学生的优秀潜能和发挥正能量的教育价值功能观，把激发和培育学生身上的积极心理潜能和优秀品格潜质作为班级管理的核心任务；第二，"希望—励志"，通过唤醒学生对美好未来的向往，激发他们的希望并激励其树立理想、志向与积极的生活信念；第三，"自主—拓潜"，通

---

[1] Peterson C, Seligman M. E. P. Character Strengths and Virtues: A Handbook and Classification [M]. Washington, D. C.: American Psychological Association and Oxford University Press, 2004.

[2] 王克. 教育的智慧在于唤醒 [EB/OL]. (2019-09-24) [2020-05-11]. http://politics.rmlt.com.cn/2019/0924/557689.shtml.

过激发学生的自主能动性，使其发现和开发自身的各种积极潜能和优秀潜质，促进学生自觉、主动发展；第四，"自为—正能"，通过点燃和培育学生的自我作为意识和精神，增强学生个体成长和群体发展的正能量。[1]

（二）拓展学生积极心理潜能

鸡蛋从外面打破后是食物，从里面打破后是生命，这是鸡蛋的"破壳原理"；人生，从外面打破是环境压力，从里面打破是成长动力，这是成长的"自动力原理"。人类发展和个体成长的动力都来自内心。人类积极心理潜能的自我拓展，是一种最重要的发展内驱力。现代品德教育和心理教育的最高原则是"助人自助"，而最高教育技巧则在于"助己自助"。因为，每个人都是自己心理世界的真正主人。教育的本质在于唤醒每个人心中积极的自我。换言之，在班级管理和班级育人中，只有帮助和引导学生学会开发和挖掘自身的积极心理潜能并形成相关的意识和习惯，他们才有可能将潜在的积极心理潜能转化为现实的心理素养和优秀品质。

"心是主人身是客"。心理教育的最高原则是"助人自助"。运用积极心理学原理进行班级管理，目的是用积极心理育人，让积极心理品质引导学生的人生。班级积极心理管理通过建立富有积极心理意义和内涵的班级管理模式，营造积极向上的班级文化环境，让学生体验一种能充分展示心理潜能和优秀品质的班级生活，提升班级成员的积极心理素养，实现积极心理育人的班级管理目标。

班级积极心理管理目标育人。班级管理的目的是班级育人，将积极心理学应用于班级管理，要坚定正向心理育人的班级积极心理管理宗旨，以培育班级成员的积极心理品质为核心，尽可能为他们的积极人生注入正向的色彩，让积极心理品质导航人生。班级积极心理管理的实质，是用积极心理理念和技术培育学生的积极心理品质，让他们的内心世界变得积极而强大，让他们更具智慧、关爱、快乐、悦纳等正向品质，能够自主、自觉、自为地引导未来人生。

班级积极心理管理过程育人。班级积极心理管理过程是通过积极心理管理行为培育学生积极心理品质的过程。通过"助人自助"的积极心理管理方式，帮助学生学会强大自己的心灵；通过激励学生"自我修炼"的积极心理管理方式，提

---

[1] 李季. 成长地图：班主任工作原理 第一课 班级积极心理管理原理[J]. 中小学班主任，2017（03）：17-25.

升学生自身的正向心理素养；通过"交流分享"的积极心理管理方式，丰富学生的博大胸怀和人文情怀；通过"赠人玫瑰"的积极心理管理方式，增强学生的心理正能量；通过"净化心灵"的积极心理管理方式，帮助学生排除内心的自卑、懒惰、抑郁、抱怨、忌妒、狭隘等消极心理。

（三）营造班级积极共育管理文化氛围

班级管理的本质是组织行为管理，班级组织行为管理的核心是建立班级积极管理模式，班级积极管理模式的建立是班级精神文化建设的关键。我们把营造班级积极共育管理文化氛围作为班级积极管理模式的着力点，致力于让班级管理过程中的每一个成员，包括学生、家长、班主任更加积极向上，更加快乐幸福；让班级更加充满向心力、凝聚力和发展活力，更加和谐温馨，真正成为共同学习、共同生活的集体。

班级积极共育管理，强调发挥班级中师生资源和每个人的优势与潜能；同时引导学生学会发现、欣赏别人的优势。

班级积极共育管理，从本质上说，是积极心理包括积极心态、悦纳情绪和主动行为的唤醒和激发。班级积极认知管理，重点是建立班级核心价值观，包括班级发展共同愿景的形成，特色班级文化氛围和良好班级舆论与班风的营造，特别是班级精神的确立等。班级积极情绪管理，主要是对班级成员进行情绪激励和引导，鼓励和引导班级中师生之间、同学之间进行积极、有效的情感沟通，帮助学生进行人际互助，学会用宽容之心对待他人；培育班级成员的正面情绪和良好的人际沟通能力；提升班级成员的积极归因意识、自我效能感、自我价值感和心理韧性。班级积极行为管理，着重于通过班级活动和班级公共生活来激发班级成员共同参与，建设积极向上的班级和心理共同体。

班级积极管理的目标是班级精神的树立。班级精神文化建设是班级积极管理模式的核心内容，主要通过班级舆论、班级目标、班名、班歌、班级口号、班训等来呈现。它影响、制约、规范着每个学生的行为，能对学生产生潜移默化的教育作用。班主任应重视班级精神在班级管理中的作用，树立良好的班级精神来增强班级的向心力、凝聚力。

班级积极管理，无论是认知管理、情绪管理，还是行为管理，最常用的途径和最有效的方式，都是创设具有积极意义的班级文化活动和开展具有主动体验学习意义的主题活动。

　　班主任是班级的领导者和指导者，要努力提升自己的专业素养，真正成为富有积极心理素养和能够传递正能量的赋能型、教练型成长导师，成为学生核心素养发展和健康成长的心灵鼓手，成为具有新时代家庭教育指导和家校协同共育专业智慧和能力的指导者。担当教练型成长导师角色的班主任，其核心功能和意义是培育和引导学生的积极未来，也就是通过创设导向未来的且具有积极意义的班级文化活动，开展具有家校积极共育意义的主题活动，把学生培育成具有积极进取人格的时代新人，以唤醒心灵、怀抱美好、走向未来。

　　未来时代是智慧时代。智慧时代是人工智能的科技时代，智慧时代的人是人性更真更善更美的、积极进取的、高智慧的时代新人，不能也不可能是操纵世界的机器人。我们认为，培育人性更真更善更美的、积极进取的、高智慧的时代新人，应该使其具有如下特质：善于化被动为主动、消极为积极、危机为契机、不利为有利的智慧品质；善于发掘身边的人和事与情境中积极因素的正念意识；不管顺境还是逆境都能勇敢面对，拥有乐观向上和给人希望的正能量；任何时候心中都充满自信与幸福感，坚信办法总比困难多；不仅自己充满希望，更重要的是让他人充满自信和希望的助人品格；善于调适和平衡自己的情绪，具有情绪智能，尤其是坚毅智能素养；随时随地都在学习，具有与时俱进与终身学习的时代精神。

要点回顾

　　1. 学生素养生成是教育积极影响下个体素质的内在生成和行为外显过程，而不仅仅是教育影响的结果。

　　2. 德性内生是素质生成的关键，是品德素质的自觉养成，而体验感悟是德性内生和素质养成不可或缺的心路历程。

　　3. 内生外化的素养自主生成是一种积极心理品质，走心式主题活动和积极班级管理，是教育者帮助学生形成和发展积极心理品质的有效载体。

一题思考

如何指导父母认识初中三年的学习特点，特别是初二学习分化期的特点，并掌握恰当指导的方法？（检测家庭教育与家校共育指导基本知识、理论。）

第四章 心路历程
——走心德育原理

> 知而不行、行而不知的知行脱节，高分低能、眼高手低的表里不一……这些现象一直以来都是人们对学校教育养成不够、家庭教育教养不足，立德树人根本任务落实不到位等"老大难"问题的关注点。德育低效症结何在？事实上，我们距离理想德育并不遥远，只是缺少一段"走心"历程。学会做人是教育之根本，本真、自然、生态的德育更是社会的憧憬。寻找"小体验大素养"生成转化的心路历程是家校共育主题活动设计与实施的走心德育指导原理。

学生核心素养生成和发展的过程，从立德树人意义上说，是引导素养经历"知、情、意、行"的心路历程，走心德育是有效途径。（素质生成的内生过程）

情景案例

我的何妈妈（一个学生的信）

两年前，我步入初三成为毕业班的学生。我像往常一样浑浑噩噩地过日子，只想早点逃离这个叫作学校的"监狱"，在老师的眼里，我就是一个不折不扣的调皮学生。生活依旧继续，一切都似乎风平浪静，直到有一天，听说学校来了一个新校长，而且是个女校长。我挺好奇，心想这个新校长是什么来头，长得年轻漂亮吗？听说她很严、很凶，以后在学校的日子会不会很难过？不过转念想想，反正都快毕业了，她只不过是我生命中的一个过客罢了，不必在乎这个人。

但是，岁月流转，这个人轻轻地走进了我的生命，唤醒了我沉睡的心灵，彻底改变了我的人生，成为我生命中不可缺少的人。她，就是何汝玉老师，我称呼她为"何妈妈"。

第一次和何妈妈打交道得从"讨利是"说起。刚过完春节，学生便返校了，由于我性格活泼，每年春节后返校，我都会到处问老师讨利是，问了好几个老师，也曾多次问过黄副校长。可他们总挥着手不耐烦地说："去去去，一边玩去，春节早过了，你都多大了还要红包……"当然，我也只是说着玩玩，老师又不是家人，非亲非故的为什么给我"吉祥利是"呢？但何妈妈却给了，一个包装精美的大红包，我当时就愣住了，心想：剧情不是这样的啊，不是应该挥挥手打发我吗？她怎么就跟别的老师不同呢？就这样何妈妈被我贴上了"好好校长"的标签。

一次，我坐在校园的孔子像下面和同学聊天，何妈妈从办公室出来，迈着优雅、轻快的步子轻轻地向我们这边走来。距离越来越近了，直到走到我面前，我忐忑地说了句"校长好"，她露出慈母般的笑容说"同学们好"，又轻轻拍了拍我的肩，摸摸我的头说："你长得真可爱，肯定很讨大家喜欢吧？"——多么温柔、和善的声音，我心里瞬间感到一股温暖，像记忆深处母亲的呼唤。可是联想到自己的家庭，我心中不禁泛起酸楚。

我出生的家庭，父母务工，子女很多，因为我是女孩，从小被父母送到外婆家，跟外婆一起生活，长大后才回到父母身边。但这个家里，每天都充满了无止境的争吵和打骂，我体会不到家的温暖，每当看到别的孩子在爸妈身边幸福地欢笑时，我多么想拥有一个疼我、宠我的妈妈啊。何妈妈身上有妈妈的感觉，而正是这种感觉吸引着我慢慢靠近她，只为汲取一丝母爱。我也在这份关爱中，找回自己的人生方向。

何妈妈，感谢"上帝"把您派到三中，在我迷失方向的时候，您走进我的生活，您是我生命中最重要的引路人。

女儿思晴敬上

（何汝玉：全国名班主任、名教师，特级教师，教育家型校长，广东省名班主任工作室主持人。）

微言感悟

90%的老师说热爱学生，可是，90%的学生说感受不到老师的爱。师爱是班主任工作的灵魂，现实中往往不是老师缺乏教育爱，而是爱的态度、方式没能走进学生的心灵。无论是老师还是父母，都需要反思是不是板着脸孔、苦口婆心说着"都是为你好"的爱因缺乏真情实感和共情方式而未能走进学生的心灵。经验告诉我们：教育爱，需要"共情体验"[1]的教育智慧，需要"爱所不能仍旧爱"的守望情怀，需要"藏起一半爱"的育人艺术。

"走心"一词有用心、专心、贴心、暖心，以及认真、尽心尽意、全心全意的意思。把"走心"引入德育，并不是因为它是网络流行语，而是因为它的"具象性"——走心的就是让人喜爱的，不走心的就是不受欢迎的。每个人心中都有一杆"走心"之秤，以衡量和判断德育是"走离"心灵的还是"走进"心灵的，是无效的还是有效的，是虐心的还是悦心的，是受欢迎的还是不受欢迎的。长期

---

[1] 李季. 拨动"情"弦：有效德育叙事的艺术[J]. 小学德育，2009（08）：6-8.

以来，德育工作的形式主义和低效性一直困扰着人们的心绪。德育工作者渴望有效的和能走进心灵、诉置心灵的德育方式，中小学立德树人的根本任务的明确，更是强化了人们的这种心理诉求。于是，走心德育应运而生。

一、走心德育的核心内涵

何谓走心德育？走心德育的内涵是什么？走心德育有哪些本质特征？

德育要引导学生心灵成长，首先要走进学生的心灵。只有走进学生心灵，直面学生心灵问题，与学生心灵坦然对话，才能获得学生心灵的认同，才能引导学生心灵，助力学生心灵成长。我们把这种走进学生心灵、对话心灵和引领心灵成长的德育，称为"走心德育"。因此，我们把走心德育定义为根据学生品德形成的原理，探索德育有效走进学生心灵、与学生心灵对话和引导学生心灵成长的理念与方式。[①]

让品德形成经历心路历程，是走心德育的基本原理。德育走进学生心灵、对话心灵和引领心灵成长的过程，其核心是学生品德的形成和发展过程要经历道德认知感悟、道德情感体验、道德意志强化、道德行为养成的品德内化与生成的心路历程。

德育的使命是心灵的唤醒，走心德育的实质是对学生的心灵成长进行正面、正向、积极的价值引领。德育的规范要求要符合学生的心理需要，德育的目标取向要引导心灵健康成长。品德形成和发展是品德心理要素——道德认知、情感、意志、行为、态度、意识等整合发展的过程。品德的德心融通发展是走心德育的前提，也是班主任工作的要点。

二、走心德育的心路历程

走心德育不仅仅是学校德育和班主任工作的一种方式，更是一种意识和理念，是贴近学生、贴近实际、贴近生活以提高教育实效的理念，是让品德形成经历从表层形式到深层内化、内生心路历程的理念，是立德树人的价值导向和助人自助心灵德育理念指导下的德育新思维和实践创新模式。

---

① 李季. 走心德育：品德形成的深层引导［J］. 中小学德育，2017（02）：5-9.

立德树人的根本任务和学生发展核心素养的目标以及德育管理目标具有共同性和一致性，这为"德心"的整合融通提供了前提。德育与心育在育人理念、目标、内容、课程、途径、机制建设，乃至时间安排、方式方法等方面可以相互促进、互动发展和有效整合、有机融合。走心德育便是这样一种以"启迪心智—唤醒心灵—激发潜能"为核心的德育新思维和心路历程，是以促进学生身心灵智的健康、和谐发展为方向的德心整合创新发展模式。

班主任工作的使命是培育和助力学生成为品德与心灵的主人。教育者是学生成长的心灵鼓手，以"助人自助"为基本原则的心理教练技术是激励学生心灵自我成长的有效方式。走心德育原理的具体应用体现在很多方面，如以增强学生的自信心，拓展学生的想象力和创造力，唤醒学生自我发展潜能的"积极心理图像"[1]技术；以正向激励性语言鼓舞学生，让他们发现可能，超越自我，成为心灵的主人的"心灵激励语"技术；以让学生感受并体验与人为善的品德行为带来的价值感、成就感和愉悦感，促进品行自觉发展的"成功体验"技术；等等。

走心德育的心路历程从德育价值引导的意义上来说，是入脑入心、导心导行之路。班主任应积极探讨如何通过班主任常规工作包括班级生活、班级管理、班级教育、班级文化建设、班级活动等让走心德育更有效地对学生进行价值引领。探索走心德育心路历程，实质上是依据学生品德形成的认知"外塑—内化—生成—外化"规律，引导学生进行道德判断和品德自我构建。

走心德育心路历程的主要内容是学生品德形成的深层引领技术的运用，包括价值性引领、选择性引领和主体性引领技术，从外至内促进学生品德内化为品德要素的"外塑—内化"的引领技术，促进学生道德素养发展的"内化—生成"的内在生成式引领技术。

三、走心式主题活动模式

（一）班主任工作"走心思路"

班主任工作是学校德育的主要阵地和重要基础。"班主任是中小学日常思想道德教育和学生管理工作的主要实施者，是中小学生健康成长的引领者，班主任

---

[1] 李季，马杰颖.智慧：内在财富[M].广州：广东人民出版社，1997.

要努力成为中小学生的人生导师。"①作为学生健康成长的引领者和人生导师，班主任一方面要根据国家关于"为民族复兴培育德、智、体、美、劳全面发展的建设者和接班人的教育目标"和中小学立德树人的根本任务要求，以及《中小学德育工作指南》《中小学生守则（修订）》等文件的要求，另一方面要根据学生身心发展的特点和规律尤其是品德及核心素养形成和发展的特点和规律，运用走心德育理念、原理、技术，形成班级管理和班级育人的走心思路，以及走心德育的思维模式，对班主任常规工作进行规范、科学的设计和实施，以落实立德树人的根本任务和增强班主任工作的科学性、针对性、实操性和实效性。

（1）班级管理与班级建设走心思路——营造心理相容、和谐共进的班级氛围，打造民主议事的班级公共生活，形成班级学习共同体与心理共同体。

（2）班级活动设计与实施走心思路——促进学生品德内生外化，提升班级教育活动的科学性、有效性和可操作性。

（3）班级文化创建与营造走心思路——实现"让每一面墙说话"，引导从表层的装饰、陈列文化走向深层的心理、精神文化，真正发挥班级文化的显性、隐性和潜在影响功能。

（4）班级家校沟通与合作走心思路——推动班级家校和悦沟通，同心协力，互动促进，形成同向、同步、同力的家校共育发展生态。

（5）班级生活实践与指导走心思路——转变"教师立场"为"学生立场"，让班级活动更贴近生活、实际和学生的心理需要，从而更受学生欢迎、认同，效果更加显著。

（二）班级主题活动"心路历程"

走心式班级主题教育活动，是近年来我们在中小学班主任工作创新发展中积极探索的主题班会课实践模式。主要做法是根据班主任工作的主题、目的、内容的不同，具体选择适合的"走心—导心"的心路历程。

班级主题活动是班级工作的常规内容，是班级文化形成和发展的重要载体，是班级育人的基本形式。常见的班级主题活动有主题班会课、团队会、班级文化活动、社团活动、志愿者活动等。走心德育的心路式班级主题活动，其"走心—

---

① 中华人民共和国教育部. 教育部关于印发《中小学班主任工作规定》的通知［EB/OL］.（2009-08-12）［2020-05-11］. http://www.moe.gov.cn/srcsite/A06/s3325/200908/t20090812_81878.html.

导心"策略通常有四大实施路径[①]。

第一,"走心—导心路径"与道德认知"外塑—内化"心路历程。主要形式有:(1)"班级议事-自主式"主题活动,经历主体的认知心路历程为公共生活—自主参与—公民意识—主体发展。(2)"恳谈-交流式"主题活动,经历师生思维与情感互动的心路历程为诚恳交谈—情感交流—心理相容—关系和谐。

第二,"走心—导心路径"与道德情感"内化—自构"心路历程。主要形式有:(1)"叙事-共情式"主题活动,是通过经历情感心路历程,实现叙事—感动—共情—感悟—明理的品德形成的班级活动过程。(2)"情景-自构式"主题活动,是通过经历德性内化—内生心路历程,实现"两难故事"—价值判断—价值认同—价值选择—自我建构的品德提升的班级活动过程。(3)"世界咖啡-会谈式"主题活动,是通过经历认知内化感悟心路历程,实现"跨界会谈"—思维互动—交流分享—深度反思的促进品德生成的班级活动过程。

第三,"走心—导心路径"与道德行为习得"内生—体悟"心路历程。主要形式有:(1)"活动-感悟式"主题活动,是通过活动参与—体验—感悟—明理心路历程,促进学生感悟明理的班级活动过程。(2)"团建-体悟式"主题活动,是通过参与团建活动、体验心路历程,实现体悟明理的班级活动过程。

第四,"走心—导心路径"与认知拓潜"内生—外化"心路历程。主要形式有:(1)"NLP(Neuro-Linguistic Programming,神经语言程序学)-教练式"主题活动,是一种沿着神经语言以及思维与行为模式,通过助人自助的方式促进品德内生—外化心路历程的班级活动过程,班级活动走心的基本程序是:语言引导—发现自我—激发潜能—感受成功—体验价值—积极行为。(2)"真人图书-对话式"主题活动,是一种通过对话交流—榜样认同—反省明理心路历程,提升学生的道德情感和品德人格的班级活动过程。

(三)班主任工作"心智模式"

在中小学德育和班主任工作中,我们把班主任工作"心智模式"定义为:班主任运用现代德育原理和科学心理学技术有效开展班级管理、主题班会、心理教育、师生沟通、家校共育等工作的思维与行为模式。具有新时代班主任工作心

[①] 李季.走心德育:品德形成的深层引导[J].中小学德育,2017(02):5-9.

智模式的班主任，更能成为专业型、智慧型班主任，成为学生健康成长的人生导师。指导和帮助班主任在班级管理等工作实践中形成和发展心智模式，并通过班主任积极指导家长发展和完善亲子教育的心智模式，是新时代家校共育的使命。

新时代班主任工作心智模式，实质是探索班主任工作走进学生心灵、发展学生心智、引导学生成长的创新发展模式，模式内容结构包括心智模式原理、技术和实施三部分。

1. "叙事–体验式"班主任工作心智模式。

"叙事–体验式"班主任工作心智模式原理：走进学生心灵进而引领心灵成长。（1）走进学生心灵才能引导心灵成长；（2）走进学生心灵首先要了解学生心理特点、规律和洞察学生的心理需求；（3）走进学生心灵需要选择合适并富有实效的内容、载体、途径和方式方法。

"叙事–体验式"班主任工作心智模式技术：（1）了解不同学段学生的心理特点，成为学生成长的"心理同龄人"，寻找走进学生心灵世界的"共同语言通道"；（2）洞察学生的心理诉求，破译学生思想、道德、情感深层的心灵密码；（3）运用共情效应、教练技术等心理学原理技术，积极唤醒学生心灵自觉，引导学生心灵自主成长。

"叙事–体验式"班主任工作心智模式实施："叙事德育"和"具象德育"。主要做法及操作要点：运用情景故事或具体案例、现象，对学生进行情感唤醒，引发学生对情景故事、案例、现象等的"感受—感动—感悟"，通过"事""象"引发共情来促进学生感悟明理。叙事德育是一种以"故事共情—叙事明理"为核心的德育方式。教育者叙述具有教育和启迪心灵成长意义的故事，例如，通过叙述成语故事、历史故事、生活故事、情理故事、伦理故事、哲理故事等，将道理转化为故事，叙事明理，以事说理。叙事德育以"叙事育人"为宗旨，遵循"共情—明理"的原理。因为实行简易，效果明显，且动人心弦、感人至深，所以叙事德育深受一线教师特别是班主任的喜爱和学生的欢迎。因此，它常常被誉为"草根德育""美丽德育"。我们也把叙事德育称为"走进学生心灵的智慧"[1]和"拨动'情'弦的艺术"[2]。具象德育是一种以"生动具象—丰富

---

① 李季. 叙事德育：走进学生心灵的智慧[J]. 小学德育，2009（06）：6-8.
② 李季. 拨动"情"弦：有效德育叙事的艺术[J]. 小学德育，2009（08）：6-8.

想象"为核心的德育方式。教育者根据中小学生思维方式由具体形象思维向抽象逻辑思维过渡发展的特征，利用形象思维的生动形象与可感性特点，通过绘本、漫画、卡通、沙盘游戏、思维导图等原型呈现或具象聚焦的方式，把抽象、生硬的德育规范和要求具象化为生动活泼、亲切可感与可视化的具体形象的内容和真实鲜活的形式，"具象—想象"德育，可以激发学生的想象力，引发联想思维，唤醒心理图像，让学生产生一叶知秋、一图胜万言、心有灵犀一点通与心领神会的道德感悟。

2. "活动-走心式"班主任工作心智模式。

"活动-走心式"班主任工作心智模式原理：引导心灵的实质是促进学生品德自我构建。引导学生品德自我构建需要合适的方式方法，其核心是品德内化与生成，而促进学生品德内化与生成的核心是深层价值引领。

"活动-走心式"班主任工作心智模式技术：引导学生品德形成的深层技术，包括价值性引领、选择性引领和主体性引领技术，主张先由"外塑—内化"的从外至内的引导方式，促进学生品德内化为品德要素，再经"内化—生成"的内在生成式引领方法，促进深层品德素养发展。

"活动-走心式"班主任工作心智模式实施："活动—体验式德育"。体验德育是一种以"情感体验—认知感悟"为核心的德育方式，是教育者通过跑操、露营、游学、团建、历奇、游戏、情景剧等各种健康有趣、娱乐身心而富有教育价值和意义的活动，让学生在玩乐中学习和成长，在参与过程中获得情绪感受和情感体验以及认知感悟，从而促进品德形成和发展的德育形式。

"活动-走心式"德育有三种具体程式与心路历程：第一种是体悟式——以在活动中体验，在体验中感悟，在感悟中明理，在明理中导行为品德形成的具体程式与心路历程；第二种是演悟式——以在情境中扮演（角色），在扮演中体验（情感），在体验中感悟（道理），在感悟中升华为品德形成的具体程式与心路历程；第三种是互感式——以在活动中交流，在交流中沟通，在沟通中互动，在互动中感悟，在感悟中成长为品德形成的具体程式与心路历程。相对于传统德育的灌输说教和述而不作，"活动-走心式"德育特别是"小活动大德育"[①]"小

---

① 李季，梁刚慧，贾高见. 小活动大德育：活动体验型主题班会的设计与实施[M]. 广州：暨南大学出版社，2012.

活动大体验"的体验德育是一种富有实效并深受欢迎的德育模式。

3. "教练-走心式"班主任工作心智模式。

"教练-走心式"班主任工作心智模式原理：教练技术与走心德育。教练技术是通过赋能激励来唤醒心灵自我拓潜、助人自助的心理原理和方法。[1]走心德育是引领学生心灵自我成长的德育模式，在这个模式中，教育者是学生成长的心灵鼓手，以助人自助为基本原则激励学生心灵自我成长。教练技术与走心德育有异曲同工之妙。发展班主任工作的"教练-走心式"心智模式，目的是让班主任成为新时代的教练型班主任，学会运用教练技术来开展班级管理、主题班会、心理教育、师生沟通、家校共育等工作；运用教练技术激发学生内在的潜能，走进和唤醒学生心灵，让学生找到并运用适合自己的方式，使得学生自主成长为更好的自己；提升指导、帮助家长成为教练型父母的能力。

"教练-走心式"班主任工作心智模式技术：成为学生成长的"重要他人"[2]，运用正念心理图像技术指导成长[3]。"重要他人"是指个体社会化和心理人格形成过程中具有重要影响的具体人物，教师和父母——学生成长过程中的"重要他人"，应自觉成为学生第一影响因素；正念心理图像技术即指教育者激发和唤醒学习者用头脑中的美好图景想象未来，用自信形象想象自己的心理方法。两种技术都要求教育者成为学生成长的心灵鼓手和"重要他人"，通过语言激励、鼓舞学生，让他们发现可能，超越自我，成为心灵的主人；用成功体验法引导他们品德行为"内生—外化"，让学生感受、体验与人为善的品德行为带来的价值感、成就感和愉悦感，促进品德行为的自主自觉性发展。

"教练-走心式"班主任工作心智模式实施：心灵教练情景剧排演与教练型沟通程式对话[4]。在"小体验大素养"主题活动设计中，前者主要通过角色扮演的心理剧方式，让学习者在角色互换体验中感悟成长，通常经历"角色体验—心智唤醒—潜能激发—自我改变"的心路历程；后者主要通过"建立亲和—深度倾听—导向未来—互动成长"的程式实现有效交流的目的。其中，建立亲和是相互

---

[1] 李季. 心理教育应用于学校德育的意义、原则与路径[J]. 中小学德育, 2015 (04): 22-26.
[2] 李季. 第四教育力营造与第一影响源重构——论家校合作共同体建立与协同育人模式构建[J]. 中小学德育, 2018 (01): 11-15.
[3] 李季, 马杰颖. 智慧：内在财富[M]. 广州：广东人民出版社, 1997.
[4] 梁慧勤. 走进生命的教育：教练型班主任专业修炼[M]. 上海：华东师范大学出版社, 2016.

信任氛围和关系的营造；深度倾听是以对方为重的"我信息"，实现彼此间友好、尊重的聆听和交流；导向未来是"以终为始""以的为矢"，以目标结果为动机激发和引导行为的方式；互动成长则是"教练-走心式"班主任工作和家校积极共育的目的所在。

要点回顾

1. 让品德形成经历知、情、意、行的心路历程，是走心德育的基本原理。
2. 活动—体验—感悟—生成是走心式主题活动的心路历程。
3. 寻找班级、团队、家校教育主题活动的心智模式。

一题思考

如何指导、帮助父母应对孩子青春期逆反心理？如何进行有效沟通？（检测家庭教育与家校共育在亲子有效沟通方式、习惯指导方面的观念与技术。）

第五章 体验学习
——感悟成长原理

> 从素质构建的意义看，知识能力、价值观念、思维方式、道德行为、人格品质等素养都是一种因经验而获得的"习得"结果，而在这一过程中以感悟明理为中心的体验式学习，是最为常用和富有实效的"习得"方式。探索从"小体验"到"大素养"的感悟成长之路，是家校共育主题活动设计与实施的体验学习指导原理。

学生核心素养生成和发展的实质，是素质的自我构建和自主发展，体验学习是实现从体验到素养生成和发展的有效方式。（素养生成的内生之路——内生形式）

情景案例

胜利者效应

学习是一个习得过程。习得不仅仅是一个记诵活动，更是一种感受、体验、感悟、明理的过程。尤其是对于以间接经验学习为主的学校学习而言，体验感悟更是一种有效学习。

寻找有效学习的策略和方法，是教育教学和心理学一直致力探索的内容。

浙江大学求是高等研究院系统神经与认知科学研究所和医学院神经科学研究中心的胡海岚团队通过小鼠实验证明，增强小鼠内侧前额叶脑区的突触（大脑细胞之间连接、通信的基本结构单元）强度，就会让小鼠在竞争中获得胜利。6次获胜的小鼠，神经突触已经发生量变，在以后的竞争中，不需要增强突触强度也能获胜；经常获胜的小鼠，在别的竞争中也能获胜，也就是说，胜利者效应能在不同领域迁移。[1]

胜利者效应的原理——习得性成功，即成功的经历和体验是获得成功的关键性条件，换言之，即"成功是成功之母"。胜利者效应的生理学基础是自我暗示效应：当个人通过竞争获得胜利之后，会不自觉地向内归因——暗示自己的能力足够强，可以赢得下次竞争的胜利。心理暗示就会使其潜能和能力优于没有心理暗示的人。

微言感悟

人们通常认为，"失败是成功之母"。这对于理性和意志力坚定的人来说，确实如此。然而，在现实生活中，并非人人都是理性和意志力坚定的人。对更多的人来说，成功才是成功之母。

---

[1] 周炜. 成功才是成功之母，"胜利者效应"神经机制首次被发现[J]. 环球科学，2017（07）.

一、体验感悟是有效学习程式

体验是一种活动形式，也是活动的结果。作为一种活动形式，体验即主体亲历某件事并进行反思；作为活动的结果，体验即主体从其亲历和反思中获得认识和情感。心理体验过程给人们留下经验印记以形成知识、能力和情感等素养，因此体验也是一种学习形式。在学习心理学中，体验学习（experiential learning）是最基本的学习形式，是学习主体通过生活或活动过程，获得知识经验或实现自我提升的一种学习类型和学习方式，是一种以体验与感悟为基本经历的经验习得的心路历程[1]。

体验学习是一个过程，是个体直接认知、欣然接受、尊重和运用当下获得的知识及能力的过程。学习者在体验学习时，只有全身心地投入学习，才能获得真正的体验感悟和实现素质生成。

学校德育常常被认为是"假大空""软、浮、虚、乱、散"。问题种种，与重说教、轻体验不无关系。而学校德育实践中的学工、学农、学军，调查、访问、团建、历奇、探险、露营、拉练、班级活动、户外活动、社团活动、志愿者活动、社会综合实践、"变形计"活动等，采取的都是体验学习的方式，往往令学生印象深刻。即使时光流逝，活动体验依然历历在目，让人难以忘怀。

美国学者埃德加·戴尔于1946年提出了"学习金字塔"（Cone of Learning）的理论。以语言学习为例，在初次学习两个星期后，阅读能够记住学习内容的10%，聆听能够记住学习内容的20%，看图能够记住学习内容的30%，看影像、看展览、看演示、现场观摩能够记住学习内容的50%，参与讨论、发言能够记住学习内容的70%，做报告、给别人讲、亲身体验、动手做能够记住学习内容的90%。显而易见，体验式学习是一种有效的学习方式。同理，也是行之有效的德育方式[2]。

（一）体验学习的理论

体验学习的理论是由行为主义教育家杜威的"在做中学"、心理学家罗杰斯的直接经验学习、社会心理学家大卫·库伯的"体验式学习圈"、认知心理学家

---

[1] 黄天中.生涯规划——体验式学习[M].北京：高等教育出版社，2009.
[2] 臧青.运用学习金字塔理论 改进高中数学教学[J].数学教学，2011（05）：8-11.

皮亚杰的"发生认识论"等理论发展而成的。

体验学习起源于英国的"冒险教育",后被美国教育家杜威发展成为一套经验学习的实用教育理论。德国教育家柯汉在1941年创立了户外冒险学校(Outward Bound School),它以重视经验主义和自然主义的方法,通过体能与心灵的挑战,发展学生的内在潜能,进而建立学生的自信和正向的自我形象。我国教育家陶行知先生师承杜威的"学校即社会""在做中学"理论,并根据我国国情提出"生活即教育""教学做合一"思想。

美国心理学家罗杰斯认为体验学习是"直接经验+情感体验"。大卫·库伯在杜威、罗杰斯关于体验学习研究的基础上,提出体验学习理论:学习是经过经验的转换而获得知识的过程。大卫·库伯还在其代表作《体验学习:让体验成为学习与发展的源泉》中提出了"学习圈理论"[1]。

"学习圈理论"把学习过程分为两个基本结构维度:领悟维度和改造维度。领悟维度包括两个对立的掌握经验的模式:一是直接领悟具体经验;二是间接理解符号代表的经验。改造维度包括两个对立的经验改造的模式:一是通过内在的反思;二是通过外在的行动。经验学习过程是不断的经验领悟和改造过程。

(二)体验学习的特点

体验学习的"学习圈理论",核心是"学习循环模型"——由四个适应性学习阶段构成的环形结构。体验学习有四个步骤:(1)亲身体验——具体经验是让学习者完全投入一种新的体验;(2)观察反思——反思性观察是学习者在停下的时候对已经历的体验加以思考;(3)总结领会——抽象概念化是学习者必须达到能理解所观察的内容的程度并且吸收它们使之成为合乎逻辑的概念;(4)实践应用——主动实践阶段,学习者要验证这些概念并将它们运用到制订策略、解决问题中[2]。

我们认为,体验学习的以四个步骤为核心的"学习圈理论"的本质,一是直接领悟具体经验;二是间接理解符号经验;三是通过内在反思领悟改造经验;四

---

[1] 大卫·库伯. 体验学习:让体验作为学习与发展的源泉[M]. 王灿明,朱水萍,译. 上海:华东师范大学出版社,2008.

[2] 大卫·库伯. 体验学习:让体验作为学习与发展的源泉[M]. 王灿明,朱水萍,译. 上海:华东师范大学出版社,2008.

是通过外在行动领悟改造经验。

人们一般把学习方式分为"学得"和"习得"。与传统式学习注重"学得"的特点相比较，体验学习的特点在于"习得"。传统学习的核心是"学"——强调知识的传递，概念、理论、方法从一个人传递给另一个人；体验学习的核心是"习"——注重通过实践，在行动中通过感受来检验学到的概念、理论和方法，在体验中觉察自己的信念，从而发现自己人生更大的可能性，以"习得"不断提升能力。

传统学习关注的是外在的学习，即学习者被动地接受式学习；而体验学习更关注内在的学习，即学习者通过亲身参与活动学习有用的知识。正因为如此，传统学习以教师为中心，而体验学习以学生为中心，认为要使学习有效，学习的主体必须是学生而非教师。

（三）体验学习的应用形式

体验学习在学校教育教学实践中有广泛的应用价值和意义。尤其是实施新课程理念后，学科课堂教学和主题班会课设计都注重融入体验学习原理，以增强教学效果。新课程目标理念强调知识与技能——每门学科的基本知识和基本技能；强调过程与方法——让学生了解学科知识形成的过程、亲历探究知识的过程，学会发现问题、思考问题、解决问题的方法，学会学习，形成创新精神和实践能力等；强调情感、态度和价值观——让学生形成积极的学习态度、健康向上的人生态度，具有科学精神和正确的世界观、人生观、价值观，成为有社会责任感和使命感的社会公民等。[①]与体验学习亲身体验、观察反思、总结领会和实践应用的四个步骤相融合，亲身体验产生情感、态度；观察反思形成知识、方法；总结领会建构价值观；实践应用形成过程（经验）、技能。

我们以"活动体验—感受感悟—素养生成"为体验学习的基本活动程式，探索构建"寻找创意性创新活动形式—引导学习者认知认同、情感共情、感悟明理—促进学习者素养自我建构、自主生成"的心路历程，总结提炼出"叙事德育""体悟德育""走心德育"等具体德育与主题班会课创新发展模式[②]，"成长配方——小体验大素养主题活动"主要是基于这一探索成果来设计与实施的。

---

① 项丽娜.体验式学习理论及其对成人教育的启示［J］.中国成人教育，2017（03）：12-14.
② 李季.走心德育与走心式班主任工作［J］.江苏教育，2018（87）：6.

多年来，在指导中小学德育工作实践、名班主任工作室主持人及成员开展提升德育、班主任工作实效性的校本或班本研究和开发特色课程时，我们提供最符合中小学校本和班本研究需求的体验学习应用形式——"特色活动主题＝形式途径载体＋体验感悟内容"，基本做法是学校、年级、班级及各级家委会，通过组织学生或亲子参与各种体现德育和班级主题教育内容的活动课程，尤其是那些需要通过感性丰富理性、具象理解抽象、直接经验支持间接经验、理论联系实际、实践充实原理的体验性课程内容，以指导、帮助他们选择最适合校情、班情、学情的课题开展行动研究和实践探索，从而获得真实体验，并实现从体验到素养的转化。行动研究和实践探索以"问题就是课题，行动就是研究，成长就是成果"为基本研究模式，比较适合一线中小学开展课题研究的实际。

以下是我们结合体验学习"亲身体验—观察反思—总结领会—实践应用"四步骤原理提出的校本和班本体验学习基本应用样式。

（1）亲历式实践体验学习。依据"亲身体验"环节设计、组织各种需要通过亲身经历验证、帮助理解和加深印象的实践性主题活动，如学工学农活动、综合性社会实践活动等，让学习者亲身经历真实事件，直接领悟具体经验，在产生真情实感的体验中习得成长。

（2）模拟式情景体验学习。依据"观察反思"环节，创设通过模拟、想象实现联通真实生活实际的情景性主题活动，如心理情景剧、模拟法庭主题教育活动等，学习者在象征性、模拟性情景中间接理解符号经验，体验接近真实状况的情景，从而实现真实的提升和素质发展。

（3）构建式走心体验学习。依据"总结领会"环节，在课堂教学、德育活动、主题班会、心理教育、家教课程中，遵循品质素养生成的"自我构建"原理，实施具有内在生成、体悟成长生态意义的"预构—导构—自构"的主题活动，其中"预构"是学习者的学习前准备，"导构"是教育者对学习者的启发和引导；"自构"是学习者体验、感悟后的自我构建，也就是"通过内在反思领悟改造经验"，从而实现"在情景中体验，在体验中感悟，在感悟中成长"[1]的走心式素质体验生成的目的。

---

① 李季. 主题班会课的生态德育原理与发展新样态[J]. 中小学班主任, 2018(06): 24-27.

（4）拓展式实训体验学习——体验学习源自户外拓展和拓展式训练（outward-bound），根据"实践应用"环节，设计和组织实施通过各种促进潜在能力和实际能力发展的赋能实训主题活动，如户外拓展、体能训练、智能拓展、历奇游戏、研学旅行等，使学习者通过外在行动领悟改造经验，提升能力素养。

二、体验学习素养生成之路

（一）体验学习是一种内在学习模式

体验学习是以体验与感悟为基本经历的经验习得方式，是一种内在学习模式。其主要有以下四种类型。

（1）认知体验式内在学习：是一种基于体验形成体悟、升华经验的学习类型，是对真实世界中的感知和体验进行回顾与反思，把理论分析或理论模型放到实践中检验。

（2）情感体验式内在学习：影响学习效果的最为重要的因素是情绪唤醒事件，个体对情绪唤醒事件的认知和评价，便是情感体验式内在学习。

（3）意志体验式内在学习：体验往往是一种全身心投入的习得性学习活动历程，往往需要意志的支撑。

（4）行为体验式内在学习：先实践操作，然后对结果进行反思，再将反思付诸行动，最后在行动中修正。

以班主任在德育工作中的体验活动为例。一位名班主任在谈到活动体验德育时说："我总是以'告诉'的形式进行德育。其实我想告诉学生的道理，他们都懂。尽管我苦口婆心地告诉他们要感恩、要惜时，可是他们听不进去。我陷入了困惑，问题在哪里？体验式德育原理让我意识到，以说教为主的'告诉式'和'输入式'德育只是表层的信息流，从学生的耳朵中流过，从学生的知识储备中流过，并没有被学生'加工内化'，自然不会产生深刻的感悟。学生的品德形成只停留于知识的构建，缺乏情感体验和认知感悟，从而妨碍了从道德知识到道德观念和道德信念的转变。"

作为教育者，我们不能代替学生去感悟他们经历的情景和事件。要想真正改变学生的认知，就需要充分发挥学生的主体作用，调动学生参与体验的积极性，鼓励学生在体验的基础上积极感悟、内化、升华。

（二）体验学习是素质生成的心路历程

体验学习在课堂教学和主题活动中，一般经历激发兴趣、实践感受、体验内化、强化反馈等阶段。在这一过程中，体验—感悟—反思是体验学习的心路历程。根据实践探索，我们发现这一心路历程通常有三大实施途径：一是活动式体验途径，主要经历"游戏活动—生活感受—感悟明理"过程；二是认知式体验途径，主要经历"认知感悟—情感认同—行为转化"过程；三是情景式体验途径，主要经历"情景感受—情绪体验—感悟升华"过程。[①]

遵循学习者体验素养生成的心路历程，我们在设计和组织家校积极共育主题活动时，自觉沿着"体验—走心"的素养生成思维导图进行内在逻辑生态式的设计和实施，关注"发现问题—讨论问题—解决问题"三个环节的程序结构；注重素养生成的知、情、意、行四个层面的联通；注重认知调整—情感陶冶—意志砥砺—行为实践的培育；注重"他律—自律—自主—自觉"品质的养成；注重预构—导构—自构的成长指引。

（三）体验学习以学生为活动主体

体验型走心式主题活动是以学生为主体的新型班级教育活动，它打破了传统的说教式班级活动模式。传统的说教式班级活动往往以教师为主体，教师掌握着课堂的话语权。学生在课堂上往往是被动听讲，对班会课毫无兴趣，认为它只不过是班主任在讲大道理，班级活动效果自然不理想。

体验型走心式主题活动以学生所关心的问题为导向，运用心理学的方法聆听学生的想法及感受，运用心理辅导技术引导学生思考和反思，营造平等、尊重、自由的和谐氛围，促使学生自我成长。学生在活动中勇于与同学进行互动、讨论、交流，表达自己的想法，倾听他人的想法，自主发现自己和他人观点的不同之处，从而解决自身的实际问题和内心困惑。不仅如此，学生在班级或小组中的发言被倾听和认可后，学生还可获得价值感和归属感，这为班级的文化建设和人文关怀实施提供了支持，为建设文明和谐的班级奠定了基础。

---

① 李季. 走心德育：品德形成的深层引导[J]. 中小学德育，2017（02）：5-9.

三、体验生成主题活动设计

体验型走心式主题活动为学生核心素养的培育提供了途径。集体活动是班级管理中重要的管理手段，也是实施学生思想品德教育的主要阵地。传统的集体活动主要以教师讲授为主，甚至有班主任误把集体活动当作批评教育学生的"专任课"，这样就容易引起学生的误解，使学生产生对集体活动的厌恶感，长期下去必然造成不良的影响。而体验型走心式集体活动符合学生身心发展特点，能够充分调动学生的主观能动性，在培育学生核心素养的过程中起着重要作用。体验型走心式集体活动是培育学生核心素养的基础。体验型走心式集体活动的主要特点如下。

（一）体验型走心式主题活动中体验感悟是关键

体验型走心式主题活动是以设计大量有针对性的体验活动为载体的课堂组织形式。它注重的是学生参与活动后的感受和反思，遵循着体验教育圈的学习模式，即参与—体验—反思—整合的学习模式。这样的学习模式能有效调动学生的积极性，提高学生的投入度及参与感，并能通过及时的反思和整合形成自我建构的思想体系新模式。

体验感悟是体验型走心式主题活动的关键环节，体验—感悟—明理—导行的心路历程对学生的品格培养、行为引导起着原动力和引导性的作用。学生带着好奇心和兴趣参与活动，并能通过活动的分享及感悟反思学习和生活中的不足，这种安全的、走心的分享最能触动学生的心灵世界，最能影响他们的成长方向。所以这种以活动、游戏为载体的班级活动更受学生的欢迎，能够对学生产生更积极的正面影响。

（二）体验型走心式主题活动具有情景性与即时性

体验型走心式主题活动主要是通过参与和体验活动之后的感受分享来获得知识。在活动的过程中，教师通过引导，引发学生的情感体验和心理共鸣，引导学生分享和交流，并通过对学生发言的总结、归纳和升华，让学生获得课堂上即时产生的知识、经验和心灵感悟。

在体验型走心式主题活动过程中，学生始终处在主动参与的状态，每个学生的收获不但与自身的参与程度、成长经历有关，而且受到其他同伴的思考深度及领悟能力的影响，还和当时班级的气氛相关，更与教师的带领和引导能力密切相关，所以这种活动学习的收获具有情景性和即时性的特点。

（三）体验型走心式主题活动对教师的要求

老师在传统教学中一般被称为"教师"或者"讲师"。而体验型走心式主题活动教学当中一般会称老师为"导师"，为什么不叫老师、教师或讲师呢？因为传统的教学主要是以教学为主，更多的是强调讲授、表达和输出。而体验型走心式主题活动学习的导师主要是创设情景、创造体验，具体经验主要在活动过程中产生。所以在体验型走心式主题活动学习中，引导者跟原来的老师就不一样了。导师必须扮演三大角色：

第一，导师必须是一个项目设计者。导师必须学会如何去设计一个项目、一个活动甚至一个课程流程，这是体验学习引导者应具备的基本技能。

第二，导师更多的是活动的带领者。跟其他学习中的教育者相比，导师最大的不同之处在于其是活动的带领者。导师要知道应该用什么活动，用多少活动，以及知道在带领的时候哪些活动才适合学习者。所以，体验型走心式主题活动对导师在活动带领中的技能要求比较高。而且体验学习经常是一个半开放系统，很多时候我们没有办法按照事先设计的教案来带领学生完成活动，因为它的学习主题是以学习者为中心的，而学习者在当下学习中的经验，以及它所产生的意义在有些地方是不可控的。所以作为学习引导者，导师必须在学习过程中随时依据学习者或参与者当下的状况调整活动内容，或者在产生学习经验的时候，依据学员当下的感受或情况来引导和启发。这对于导师来说要求颇高，或者说是导师最不容易把握的，这也是导师区别于传统教师角色的核心所在。

第三，导师是一个团队引导者。作为体验学习的团队引导者，导师不仅要了解团队发展的心路历程和团体发展的动力，还必须具备相关的引导分享技能。例如必须掌握一些基本的对话技能和基本的流程引导技能。像开放式的提问、"4F"的引导技巧等，都是导师必须掌握的。

家校积极共育的体验式主题教育活动的实施，对于导师来说，重点是让父母领悟到自己在家庭教养方式或者亲子沟通交流方式上存在的问题，注重激发父母家庭教育责任感以及自我改变和提升的意愿和决心。与此同时，导师要引导父母营造和谐的亲子交流的情感氛围，特别是通过练习来不断提升亲子沟通的技能技巧。

要点回顾

1. 体验是对生活经历的感悟，体验感悟是一种有效的学习方式。
2. 体验是内在的学习形态，体验学习是素质生成的心智模式。
3. 体验以活动为基本载体，体验活动是素养生成和发展的有效途径。

一题思考

如何指导父母以导师的心态陪伴孩子成长？（检测家庭教育与家校共育在亲子有效沟通方式、习惯指导方面的观念与技术。）

第六章 践行养成
——积极共育原理

"主题活动—体验感悟—走心导向—素养生成"[①]，是积极共育主题活动的实施过程和学生素养生成的心路历程。小体验大素养走心式积极共育主题活动是有目的、有计划、有组织的设计、实施、操作程式。主题活动是素质生成的载体，体验感悟是素养内生的方式，走心导向是素质养成的途径，而积极共育是学生素养"践行养成"的实施行动与操作技术指导的原理。

---

① 李季. 让德育走进心灵——走心德育理论与实践[J]. 中小学德育，2017（02）：4.

学生核心素养的生成和发展，不仅仅是教育影响和自我构建的结晶，更是亲师生素养共生发展的融合，走心式积极共育主题活动的积极共育是达成这一融合目标的操作技术。（素养培育的共育之路）

情景案例

好话也要"友"好说——心理闭锁期的亲子沟通[①]

1. 背景分析。

初二的孩子和父母说话越来越少，顶撞父母等情形越来越多。家长因为不知道孩子在想什么、需要什么和如何与孩子沟通，十分担心和焦虑，只能唠唠叨叨。

这是初中阶段非常典型和普遍的现象。很多老师解决问题时往往从学生单方面入手，例如设计一节感恩父母的主题班会课。而中国式父母在处理这类现象时，往往以"家长"身份自居，简单粗暴的教育方式反而让亲子之间的代沟越来越深。运用心理学原理解决问题，引导家长在孩子的"心理闭锁期"做孩子的"心理同龄人"，与孩子像朋友一样交流，好话也要"友"好说，是本次主题班会课的设计思路。

2. 活动流程。

第一环节：亲子合作。

孩子蒙着眼睛分别经过几处障碍，父母只能用言语指挥，游戏结束之后采访父母和孩子的感受。游戏中不乏家长求胜心切，不停地催促，这个现象恰恰是生活的缩影，父母打着"为孩子好"的大旗号采取不当的方式与孩子沟通，孩子又厌烦家长的唠叨，亲子沟通矛盾就此产生，继而出现亲子沟通痛点。

第二环节：亲子换位思考。

针对以下情境，给出应答策略。

---

① 张玉石. 基于德育"心理念"的班主任工作新角色[J]. 江苏教育，2018（11）：11-13.

（1）表达时无积极回应怎么办？

——耐心倾听，积极回应，多赞美，少敷衍。

（2）不被家长理解时怎么办？

——换位思考，认同对方感受。

（3）孩子犯错时怎么办？

——描述事件，表达"我"的感受和期待，多说"我"，少说"你"。

（4）孩子不想说时怎么办？

——尊重感受，设置心语信箱，家长在孩子不愿沟通时可采用书信或微家书的形式交流。

第三环节：总结和拓展，创设亲子之间的沟通平台。

课后我赠送给每位家长一本书——《如何说，孩子才会听；如何听，孩子才会说》，希望家长通过不断学习，提高自己与孩子沟通的技能。

3. 效果反馈（专家点评）。

（1）选了一个很有针对性且有难度的话题，由此确定了一个有教育导向意义的主题——如何与处于"心理闭锁期"的孩子沟通。告诉我们"好话要'友'好说"——父母不要以家长自居，要成为孩子的同伴、朋友，成为孩子的"心理同龄人"。

（2）构思了一条清晰的走心线路图：活动参与—角色互换—共情体验—感悟明理—反思正行。

（3）探寻了一种德育与心育相融的走心式主题班会模式，展示出导心型班主任作为学生成长导师的"心理同龄人"和"重要他人"的角色魅力。亲师生愉悦交流的方式，加上老师自然而有序的引领，一步一步走向预期目的。

（4）有一个很自然又有意义的拓展后续：赠书和亲子沟通拓展平台。

我们再以广东省中小学班主任专业能力大赛"主题班会/班级活动设计"环节辅导为例加以解读。

首先看班主任专业能力大赛"主题班会/班级活动设计"的基本要求。主题要根据情景，鲜明而有创感性；目标要明确具体，分层而有引导性；思路要紧扣主题，清晰而有主体性；内容要丰富生动，完整而有教育性；形式要时尚有趣，新颖而有创意性；流程要合理有序且有导心性；小结要归纳主题，简洁而有提升性。

然后看主题班会/班级活动模式创新发展取向[①]。（1）将中小学立德树人的根本任务具体落实到德育常规的主题班会/班级活动目标内容上，创建德育与班主任工作协同育人共生型的主题班会/班级活动新模式。（2）针对表演式班会公开课，积极营造班级自生态德育环境氛围，强化主题班会/班级活动的实施从表面热闹走向深层价值引领，促进学生品德的自我生成。（3）依据品德形成与发展的特点和规律，根据主题班会/班级活动实施过程与学生品德生成心路历程的互动原理，构建品德内生型主题班会/班级活动新样态。

最后看普通型与走心式主题班会/班级活动的异同点。（1）普通型与走心式主题班会/班级活动的结构都有五个基本要素：A. 主题；B. 目标；C. 内容；D. 形式；E. 过程。（2）普通型主题班会/班级活动特点：A. 主题上重"意义"教化；B. 目标上重"规范"导行；C. 内容上重"既定"程序；D. 形式上重"现场"显效；E. 过程上重"环节"流程。（3）走心式主题班会/班级活动特点：A. 主题上重"心意"创感；B. 目标上重"立品"育心；C. 内容上重"内化"生成；D. 形式上重"体感"经历；E. 过程上重"心路"历程。

微言感悟

许多司空见惯的教育现象或原理，背后往往隐藏着深刻的教育价值和意义，但人们常常对它们熟视无睹。关注它们并将它们转化为可操作的实践行为，往往能产生意想不到的教育效果。

一、积极共育主题活动设计思路

走心式积极共育主题活动实践研究与实施，首先要根据"核心素养""走心德育""积极心理""家校共育"等理论和原理进行整体构想和设计，具体设计

---

① 李季. 主题班会课的生态德育原理与发展新样态[J]. 中小学班主任, 2018（06）：24-27.

思路需要考虑下列要素。

（1）在社会主义核心价值观导向上，基于"发展为本"的核心素养教育原则和落实中小学"立德树人"根本任务的要求，设计具有正确思想指导、先进理念引领、科学内容结构、专业逻辑规范、校本班本特色、自主成长取向的主题性教育活动课程体系。

（2）在发展素质教育取向上[①]，以"中国学生发展核心素养"6大方面培育目标内容为取向，整合横向层面核心素养发展18种具体目标和纵向层面小学、初中、高中3个学段的不同目标要求进行交汇性内容设计，构建积极共育主题活动体系，促进学生核心素质的发展。

（3）在素养生成促进形式上，基于"德性内生""体验学习""积极心理""素质养成"等原理，将相关技术、方法应用于班级主题活动，如主题班会课、班队会、班集体活动、心理教育等内容和过程的设计与实施，以增强主题活动课程的科学性、专业性、操作性，促进学生素养生成和发展的自主性、养成性、实效性，开展走心式积极共育主题活动以完善学生核心素养自主生成的活动教育模型。

（4）在主题活动课程积极共育模式上，基于走心式小体验大素养生成指导和家校积极协同共育两大原理，交汇形成由"共育原理导图"和"素养生成指导"两部分构成的"走心式积极共育主题活动"体系，形成主题贯通、内容融合、形式衔接、相互呼应的小学、初中、高中一体化走心式积极共育班级主题教育活动课程模式，包括主题班会课、班集体活动课、班队会课、心理健康教育课等课程体系模式。

（5）在遵循学龄心理特点和规律上，基于小学、初中、高中学生年龄心理特点和学生品德形成"内生—外化"及品德发展"他律—自律"规律，整体设计、系统促进不同年龄段学生素质生成和发展的活动主题内容和实用形式，层层递进、深入推进中小学生品德和综合素养的发展。

（6）在坚持思想教育"三贴近"原则（贴近实际、贴近生活、贴近未成年人）上，突显班级主题性教育活动，包括主题性课程，如主题班会课、班集体活

---

① 余慧娟，施久铭，董筱婷. 新时代如何发展素质教育［N］. 中国教育报，2018-03-04（4）.

动课、班队会课、生命安全课、心理健康教育课，以及主题性活动，如团体心理健康活动、社团活动、义工活动、社会实践活动、校园文化活动等，强化活动课程的体验生成特色和活动育人实效性。

（7）在主题活动实施过程上，基于近年来中小学班主任工作尤其是主题班会课实践中倡导的"让素养品质形成发展过程经历知、情、意、行心路历程"的走心德育原理，结合家校积极共育的主题活动特点，最大可能地达成班级主题教育活动的共育共生、互动促进、共同成长的走心式积极共育理念效果和特色意图。

（8）在主题活动实施效果上，基于从预设性教育到生成性教育的素养有效转变程式思考，注重体现德育与心理教育整合融通、相互促进的效果，学生发展核心素养体验感悟和活动生成的效果；努力实现通过主题活动让学生素养自主性生成，学生品德素养自我构建、自我促进、自主发展，从而使学生真正成为自己心灵主人的效果。

（9）在活动性主题教育特色、亮点上，基于活动体验与活动养成的活动课程教学特质，力图展现活动教育主题、思路、目标、内容、形式、过程等要素与中小学生的认知、情绪、个性、品德等心理特点的紧密结合，努力站在学生立场，迎合中小学生心理需求，设计出具有游戏性、生动性、具象性、创意性、趣味性，富有体验性、感悟性、合作性、互动性、生成性的活动程式，以求实现把有意义的事情做到有趣味，把有趣味的事情做得有意思的活动性教育艺术效果。

（10）在班级积极共育主题活动创新发展上，基于"在活动中参与，在参与中感受，在感受中体验，在体验中感悟，在感悟中成长"的体验学习原理，探索"活动—参与—感受—体验—感悟—成长"的小体验大素养走心共育主题班会课和班主任工作生态发展模式[①]，是我们实践创新的方向，也是本书的重点、难点以及真正的价值和意义所在。

二、积极共育主题活动实施策略

实施策略是积极共育主题活动的实践智慧与线路图。小体验大素养走心式主

---

① 李季. 走心德育：品德形成的深层引导［J］. 中小学德育，2017（02）：5-9.

题活动的形式是多样的，例如在课堂上做游戏的方式，演讲和辩论赛的方式，唱歌和朗诵的方式以及现场实验的方式。它的场地可以是教室，也可以是校内的篮球场、田径场、空地等，甚至可以是校外的公园、草地、公共广场等。但无论形式和场地如何变化，都要通过积极共育主题活动实施策略来达成活动课程的目的。我们在中小学德育和名班主任工作室课题探索和实践研究过程中，常用的实施策略有以下三种。

（一）活动参与–体验成长策略

传统的班会课大多数是以教师为主导的理念授课，教师事先设计好教学目标，然后对学生进行认识的纠正和道德或纪律的教导，教师往往是"居高临下"地对学生进行教育或训斥。在整个德育过程中，学生处于相对被动的位置，因而也缺乏主动参与和心灵联结的过程，教育的效果也因此大打折扣。走心式主题活动课的活动主体是学生，通过活动参与、体验、反思和总结等环节，协助学生澄清信念、坚定方向和感悟人生。学生的主体性首先表现为体验活动的参与者是学生；然后表现为活动分享以学生发言为主，导师仅起到承上启下、穿针引线的作用；最后表现为课堂的结论往往是由学生自我探索后的思考发言汇集而成，是课堂生成性的教学成果。

走心式主题活动通常是以游戏活动为载体，注重学生内在核心素养的培育和外在积极行为的养成，全面促进学生积极成长。主要表现在活动目标的多元化，如"大风吹"这个游戏活动，它既可以提高学生的反应速度和协调性，又可以锻炼学生的注意力，通过学生身体的移动起到强身健体的作用，还可以培育学生的表达能力、合群能力和规则意识等，这些都是促进学生积极成长的重要因素。所以导师在组织体验型走心式班级教育活动时，要注意以欣赏和鼓励的态度与学生互动，挖掘体验型走心式活动中的积极成长因子，鼓励学生参与体验和内在探索，提供足够的交流、分享和思考的空间，以促进学生积极成长。

（二）分享体验–反思感悟策略

体验型走心式班级教育活动（主题班会课、班集体活动课、班队会课、心理健康教育课等）主要是通过活动后的分享和反思来达成育人目标，在分享和反思之前往往会借助大量或独特的游戏活动来增强学生的体验，但丰富多彩的游戏活动仅仅是载体，活动后的分享和反思才能触动学生心灵，使学生真正有所收获。

其中一个成功的分享方法是集中用连贯性的问题聚焦学习经验。在活动完成之后，讨论团队行为的细节并进行经验分享，在分享经验的过程中，导师应该引导团体进行讨论，这种集中方式的问句可分为三个部分。（1）观察性问句（what）：发生了什么事？（2）转化性问句（so what）：为什么会发生这样的事？（3）应用性问句（now what）：在现实生活中是否有类似的经验？导师组织以上三个部分的问句，引导学生把体验后的反思与真实生活中的情境做联结，并将从活动中所获得的经验，充分地运用于现实生活中。

（三）价值澄清-信念提升策略

信念决定行为，行为决定习惯，习惯决定品格。一个人的信念与其成长经验有关，信念是一个人品德形成的基础。如果一个人形成了错误的信念，他就有可能做出错误的行为，而德育的关键就是帮助他纠正错误的信念，但这往往是最难做到的。因为有些信念已经根植在人的思想中，成为一个人自动化思考的"心智模式"。每个人都有自己的心智模式，心智模式是如何影响人的行为的呢？为了更好地了解心智模式，克里斯·阿吉瑞思和唐纳德·熊恩探索出一套追踪心智思考的流程，被称为"推论的阶梯"[①]（见下图）。

6. 这些结论和我内在的信念不谋而合

7. 我根据这个信念采取某些行动

5. 我依据这些假设得出了某些结论

4. 我依据自己的感受做了一番假设

3. 我赋予这些资料意义，并引发某些感受

2. 我从可以观察到的资料"池"中选择资料

信念的增强

我得到某些结果，这些结果又产生更多可观察的资料

1. 可观察的资料"池"

推论的阶梯

---

① 彼得·圣吉. 第五项修炼：学习型组织的艺术与实践 [M]. 张成林，译. 北京：中信出版社，2009.

我们以"大雄对英语老师没礼貌"为例，由攀爬"推论的阶梯"形成心智模式可以做如下的推论：

	心智模式		推论过程
第一阶梯	可观察的资料"池"	1	英语课堂上英语老师提问了好几位女同学
第二阶梯	我从可以观察到的资料"池"中选择资料	2	英语老师没有点名提问大雄
第三阶梯	我赋予这些资料意义，并引发某些感受	3	大雄感到很失望
第四阶梯	我依据自己的感受做了一番假设	4	大雄后悔自己是男生，因为他认为英语老师不喜欢男同学
第五阶梯	我依据这些假设得出了某些结论	5	英语老师偏心，只喜欢女同学，是一名"色狼"
第六阶梯	这些结论和我内在的信念不谋而合	6	"色狼"就是品格有问题，不配令人尊敬，更不配当我的老师
第七阶梯	我根据这个信念采取某些行动	7	以后我见到英语老师不用打招呼，不用搭理他，甚至找机会羞辱他

英语老师没有点名提问大雄同学，其真实原因可能是英语老师选用的提问方式是随机提问，而并非故意偏爱女同学。但大雄错误的假设与推论就会导致他错误的信念增强，因而对英语老师产生敌意。如果接下来不进行干预，错误的信念继续经由"反射环路"增强，大雄对英语老师的误解可能就越来越深。

三、积极共育主题活动带领技巧

（一）护"场"技巧

心理学家勒温说："为了理解或预测行为，就必须把人及其环境看作是一种相互依存因素的集合。我们把这些因素的整体称作该个体的生活空间，并用B=f（PE）=f（IS）来表示。"①这些说明生活空间包括了人及其环境，行为发生在这种生活空间之中，它既是人与环境的函数，也是生活空间的函数。所以在一定的空间内，任何人或物体的变化，都会引起其他人或物体的改变。体验式的活动同样也是发生在一种特定时间和空间的场景里，场景内的情绪、气氛、灯光、音乐等，都与教学目标有着密切的关系。例如，如果需要参加者是热情高涨的，需

---

① 叶浩生.西方心理学理论与流派［M］.广州：广东高等教育出版社，2004.

要充分调动参加者的积极性，就适合采用明亮的灯光和欢快的音乐，导师的语言节奏也需加快，这样的场景有利于参加者在初始阶段的投入和热身。而到了需要工作或解难阶段，此时往往适合采用柔和、温情的音乐，有时甚至适合采用一些煽情的音乐，此时灯光就不需太明亮，柔和甚至昏暗的光线更容易让人安静和沉思，更容易触碰参加者的心灵深处，引起情感的共鸣，从而产生情感流动与当时场景的联结。如果此时再加上导师的语言催化，就能将活动需要达成的目标轻松实现。

无论是走心式主题活动还是体验式班会活动，创设一个积极向上、安全温馨的场景显得格外重要。除了上述的灯光、音响等物理因素之外，更重要的是导师的语言风格和学生之间的互动。导师宜持包容开放的态度接纳学生的表达及表现，尽可能用正面语言引导学生参与体验活动。导师应谨记勿用批评、讽刺、命令式的语言与学生沟通，面带微笑的表情、和善且坚定的态度更有利于创设一个良好的体验和沟通环境。

（二）发问技巧

发问是组织、带领体验式活动的重要技能，不同的问句会产生不同的收获和体验。以下所述是在一般体验活动中常用的发问方法。

1. 开放式发问与封闭式发问。

开放式发问与封闭式发问是个体心理咨询谈话中经常用的问话策略，但它也可运用于体验式活动带领中。

开放式发问是通过运用开放的问话方式，使对方有更多的思考，激发对方谈及更多内在资料的一种谈话方法。它能有效地打开对方的话匣子，是在体验式活动带领中经常使用的一种问话技巧。在开放式发问中，发问者更多是想倾听发言者的内在深层资料，发问的形式往往是使用"什么""为什么""如何做""可否"等词，以便深入发言者的内心世界并进行探索和整理。一般来说，用"什么"来发问，可以获得一些具体事实和资料，如"什么事的发生让你做了调节和改变？""以前发生过什么事情让你现在这么难受？""在刚才的游戏过程中什么是最重要的？"用"为什么"来发问可以探讨出事情的原因和对策，如"为什么你刚才不敢举手发言？""为什么现在是这个局面？""为什么我们队在比赛中会赢（输）？"需要指出的是，在还没有建立良好关系的前提下，以"为什么"来发问容易引起对方的心理防御，故需慎重。可以改用"如何做"来发问，协助参加者更好地获得一些具体的思维方法，如"在刚才的游戏活动中，我们如何做才能收获更理想的结果？""如何做才能让局面有更好的改观？""如何做才能让我们的父母理解我们？""如何做才能令对方明白我们的心意？""如何做才能让班级中的生活更和谐？"

封闭式发问是用于确认事实、获得重点、缩小思考范围、使谈话内容条理化的一种发问方式。它通常使用"对不对""有没有""是不是""要不要"等词，而对方回答时也简单快捷地使用"是"或"否"即可。这种发问有利于发问者掌控谈话方向，掌握既定谈话内容，特别是对于一些不善言辞的发言者来说，封闭式发问尤为重要，因为它能帮助他们更好地表达内心所思、所想。

封闭式发问可分为限定选择的封闭式发问、探索取向的封闭式发问和指令取向的封闭式发问。

限定选择的封闭式发问是一种有预计答案的发问，发问的目的是促使对方更乐于接受预计结果。问话从表面上看有选择的机会，但选择的结果却都是发问者所预计的答案，无论对方如何选择，都只能在限定的范围内进行。如"你先发言还是他先发言？"（预设答案：总之都要发言）"你是付现金还是刷信用卡？"（预设答案：总之你都要买）"你是吃完饭再完成作业还是先完成作业再吃饭？"（预计答案：总之都要完成作业）

探索取向的封闭式发问是先肯定陈述对方前面的行为或事件，接着用发问的形式引发对方深入思考或探索的一种发问形式。如"T同学刚才谈及家长不理解情况，请你再具体说说。""Z同学说自己很想念小学时的班主任，什么事让你如此难忘呢？""刚才的活动大家都很投入、很积极，却没有好的结果，这是为什么呢？"

指令取向的封闭式发问是由导师（或带领者）指定对方的说话方向，以满足团体发展的需要。这种指令性发问往往更隐秘，不容易被人发现和具有不可抗拒的力量。如"一会儿G同学会和大家一起进行游戏活动，现在请他自我介绍……""班长在这方面会有很好的设想，现在请班长谈谈有什么计划……""对于这件事的成功（或失败）我们每个人都有责任，接下来每个人都有一分钟拿起麦克风说话的时间，请大家具体说说……"

2. 联结式发问。

联结式发问是带领体验式活动的一把利器,它能有效牵动团体中每个学生的内心世界,调动学生的参与性,是一种激发学生内在经验的发问方式。其主要分为两种:"我-他式"发问和"他-他式"发问。"我-他式"发问是指导师(带领者)与学生(参与者)之间的联结式发问,主要是通过导师与学生的对话来实现心理互动的一种联结。师生的这种对话联结,能让导师更加了解学生的内心世界,导师的积极聆听也提升了发言学生的自尊感和自信心,更增进了师生间的和谐关系。如在课堂上有J同学说:"这次考试我考砸了,回去一定会被爸爸训斥一顿,心里恐惧呀!"此时,导师可运用"我-他式"进行发问:"是呀,J同学此时的心情令我想起我的学生时代,因考试不理想而产生的恐惧和担心,真让人难受!我想J同学的这份担心也许不是第一次了,你是否愿意多谈一点曾经因为考试失败而发生的遭遇?"继而导师可运用"他-他式"发问技巧,说:"J同学刚才谈到因为考试成绩不理想而担心回家受批评,请问其他同学是否也有同感呢?"……此时导师的眼神和目光的焦点,要从发言的J同学转向准备(或有意向)发言的某一同学,以此类推。活动团体内就会呈现对同一个话题的深入讨论和分享,也正是此类话题的深入互动,触及参与学生的心灵深处,促进学生之间的心灵互动、交流,从而实现问题的解决和参与学生心灵的成长。无论是"我-他式"发问还是"他-他式"发问,都很好地丰富了参与学生的交流资料,增加了深入探讨主题的可能,参与学生能在聆听、交流、反思中不断成长。

3. 教练式发问。

教练式发问是指运用发问语言的威力,去刺激聆听者不断思考和进行自我探索的一种发问技术。一般来说,这种发问需要根据对方的思考层次而定,如果在下一层次引发的问题,就应该在它的上一个层次去发问,这样就更有利于当事人跳出原来思维的困顿,找到灵活变通的处理办法。一般来说,我们的大脑、语言及社会系统会形成一个自然的思想层次体系,包括环境、行为、能力、信念、身份及精神六个层次[①],每个层次的关系是由下向上递进的,见下图:

---

① 罗伯特·迪尔茨. 语言的魔力——谈笑间转变信念之NLP技巧[M]. 谭洪岗, 译. 北京: 世界图书出版公司, 2008.

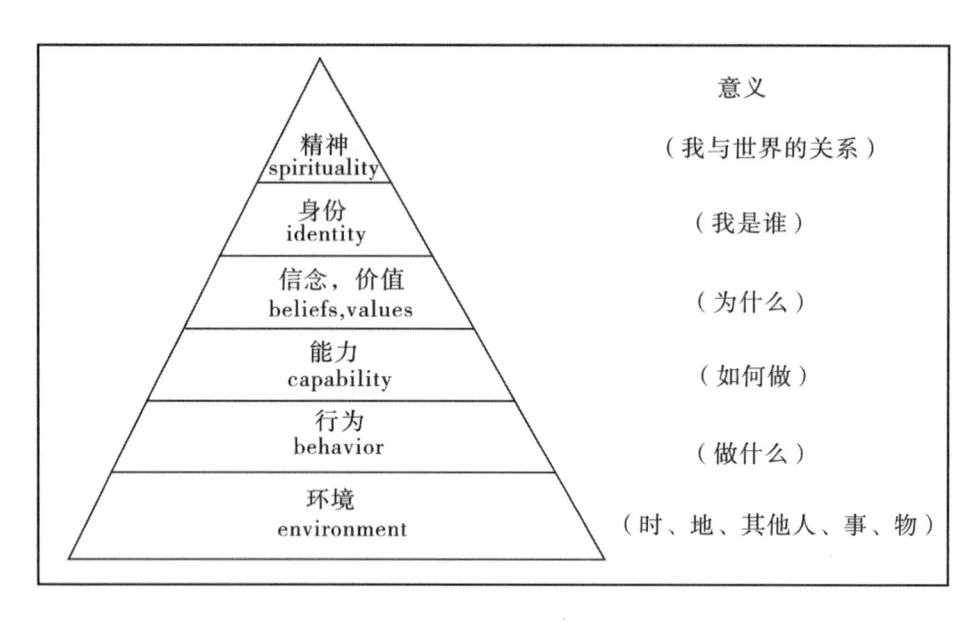

```
          精神
       spirituality              意义
        身份                  （我与世界的关系）
      identity
      信念，价值              （我是谁）
    beliefs,values
        能力                  （为什么）
     capability
        行为                  （如何做）
      behavior
        环境                  （做什么）
    environment
                          （时、地、其他人、事、物）
```

如果对方受困于环境这一层次，那你就要在行为这一层次去考虑发问。如A同学说："班里太吵了，导致我学习不能专心。""A同学需要安静的环境才能专心学习，请问我们需要做一些什么样的改变呢？"（帮他在行为层次找答案）又如B同学说："我当时真没办法帮助他！"（B同学当时处在能力层次）"B同学当时想不到更好的办法，但B同学真的很希望能帮到他，假设当时情况不是那么紧急，B同学一定会有更好的办法。"（肯定B同学的信念，帮助他在不同环境找行动的方法）

4. 绕开式发问。

绕开式发问是一种通过绕开回答者的意识层面，进入对方的潜意识进行发问的技术，是一种往往在回答者有阻抗的表现，或者想故意回避回答问题时而采取的一种问话技术。一般来说，阻抗者的语言都是比较消极的，阻抗者也不愿对自我进行心灵探索，所以回答的词语往往是简单否定的，如"不知道""不可能""不愿意"等。此时，导师就可以运用绕开式发问，如当大家刚做完一个游戏，想进行分享时，导师向一位同学提问，请他谈谈感受，但这位同学回了一句"没感受"。此时导师可以直接运用绕开式发问："假设你有感受的话，会是什么？"或者可以迂回地进行绕开式发问："这位同学刚才还没有整理好，但我相信他的整理速度，如果现在问，假设有感受的话，会是什么呢？"这种发问一般用于以下几种情景：A. 当回答者的思维受局限时，可用此问法进行协助深入；B. 当回答者不愿对自我进行心灵探索时，可用此问法进行提示和引导；C. 当回答者有心理抵触时，可运用此问法化解阻抗，从而带出回答者真实的内心感受；D. 当回答者有逃避问题倾向或害怕面对问题倾向时，可用此问法发问。

（三）回应技巧

1. 镜映式回应。

镜映式回应就是将对方的动作、语言、情感像照镜子一样反馈给当事人，以促进他（她）自我反思、自我觉察、自我整理的心理过程。镜映式回应可分为内容镜映式回应和情感镜映式回应，在实际使用中，往往会交替使用或混合使用，具体情况需要根据导师随时随地迎合当时情景的需要，结合镜映式回应技巧去使用。它的难点在于要深入对方的内心情绪、情感世界，运用对方容易理解的语言准确地回应对方。

内容镜映式回应是导师选择学生所表达的实质性内容，用自己的语言将其表达出来反馈给学生的一种"镜映"方式。在此之前，导师必须专心聆听学生当时所说的内容，理解学生想表达的意思，然后引用学生发言中的最有代表性、最核心和最敏感的词语，加上自己的整理和加工，即时以口语表达的方式反馈给学生，使发言学生有机会再次剖析自己，重新组合一些比较凌乱的事件和关系，深化当时的谈话内容。例如，"刚才大雄同学（直呼名字）谈了在饭堂发生的那一幕，他在排队打饭，却遭遇另一男生插队，大雄同学当时很生气，便上前揪住插队男生的衣领，大声地对他说：'不能插队，滚到后面去！'"这种像照镜子一样的回应能帮助大雄同学觉察到自己当时的情绪和行为，从而引起他的自我反思和觉察。

2. 我信息式回应。

我信息式有三种基本类型：表白性我信息、预防性我信息和肯定性我信息。导师可分别用这三种信息语言去做针对性的回应，以促进对方的心灵产生触动，从而达到促使对方自我成长的目的。

表白性我信息是开放自我的基本形式，是通过自我表露、自我说明来影响对方的一种沟通方式。表白性我信息是关于对"自己"种种情况的描述，我信息是可信的、诚实的、一致的，能表达出"我自己"真实的想法和感觉。我信息是一种清楚、容易了解且切中要点的信息，而不是伪装或模糊的信息。其基本形式有：对他人表露"我"的信念、观点、喜好、不喜欢的事、感觉、想法、反应等，或是其他能让他人更了解"我"或更了解"我"的生活经验的陈述。如"我相信L同学对我们完成这次任务帮助很大""我认为我们班能有更好的方法来解决此困难""我知道Z同学此时很难过""近来班里出现了这种现象，令我感到很失望"等。

预防性我信息，就是在问题发生之前，给予对方一种假设性、预防性的忠告，以帮助对方更好地适应和接受事情的发展结果。如"这次黑板报如果不用心设计和布置，我们在本轮学校评比中就会名落孙山""要完成这个艰巨的任务，没有100%的付出是完成不了的""老师今晚要加班，到班里参加联欢会的时间可能要推迟十分钟"。这些预防性我信息，在很大程度上告知了对方真实情况，帮助对方提前做好心理准备，避免了误会和沟通不良。

肯定性我信息就是导师对学生肯定性的描述，这种肯定性的描述，能够很好地促进师生关系和谐发展，也是学生成长路上的阳光雨露，温暖、滋润学生心田。在日常班级管理中，往往会有某些学生做一些违纪的事，令人感到头疼；但同样也有一部分学生做出一些令人愉悦、符合导师预期的事，而学生表现出这些行为时，导师表露出对他们的肯定是合适且重要的。但情况往往是，导师在表达对学生的认同时过于吝啬，不喜欢肯定学生的所作所为，担心表扬学生就会使其骄傲或有其他不良发展。而对学生的行为感到困扰时，才会进行负向的自我表露，这就容易伤害到师生之间的人际关系。相反，如果导师能够及时表明对学生肯定性的感觉，那么这种肯定性我信息就能建立更温暖、更亲密且更愉悦的师生关系。年龄段越低的学生，就越需要这种肯定性的信息。因为这种肯定性信息特别能滋润儿童的心灵，促使其茁壮成长，就犹如"皮格马利翁效应"一样。如"我很高兴当我在批改作业时你很安静，所以我很快就改完了，谢谢你！""Y同学，我很喜欢你画的这幅画，因为它……""A同学，我很欣赏你刚才帮同学提书包的行为。"在传达肯定性我信息时，需要注意的是肯定性我信息不是操纵或塑造学生行为的工具。这种隐藏性的动机会通过言语传达给学生，并且会使导师的诚意受到怀疑。肯定性我信息应该是不附带操纵和控制的目的，它是用来表达对孩子的接受和感谢的。

（四）分享技巧

1. 假设语言分享法。

体验式活动的目的是要使体验者或观察者有思想的触动和认知结构的调整。要达成这个目标，就要做假设性发问，引导体验者或观察者从多方面、多角度看待同一问题或现象，这样才可能得出更多的结论和扩大他们的认知范围，促成他们实现更深层次的自我成长。如对于体验者自己，可以按时间的顺序进行假设："如果这事发生在10年前或10年后，你会怎么做？"也可以按不同地点进行假设："如果这种情景发生在家中，你会怎样面对？"还可以按不同人物进行假设："假设小王是你，她会怎么想？"运用假设性的语言，促使体验者深入思考，以达成活动的目标。

2. 两点平衡分享法。

对于部分参与学生来说，要清楚地觉察和表达自己的感受并不是一件容易的事，特别是在我们的文化中，人们不太习惯表达自己真实的感受。所以在分享的时候，总是问学生的感受，他们有时会感到很茫然和不知所措。此时，把感受和想法结合在一起发问，就更有利于他们整理自己的思绪和收获。如此时可以问："对于此次活动你的感受和想法是什么？"或"对于此次活动你有什么想法和决定？"这种问法是促进情绪和思想统一、促进思想和行动统一的提问法，我们称之为两点平衡分享法。

3. "3W"催化引导法[①]。

"3W"即what（什么）、so what（为什么）、now what（现在该做什么）。what（什么），是指活动本身发生的事件，或在活动中观察、感受到的事实。so what（为什么），是转化性问题的提问，是指活动过程中所发生的事实现象与生活的联结性。将当下的活动体验迁移到现实生活中，也是实现活动目标的重要时刻。now what（现在该做什么），是指将在活动中学到的经验，带到下一阶段的活动中，进而将其转化并运用于真实世界的生活中，它是达成活动目标的重要步骤。见下图：

---

① 谢智谋，王贞懿，庄欣玮. 体验教育：从150个游戏中学习[M]. 桃园：亚洲体验教育学会，2007.

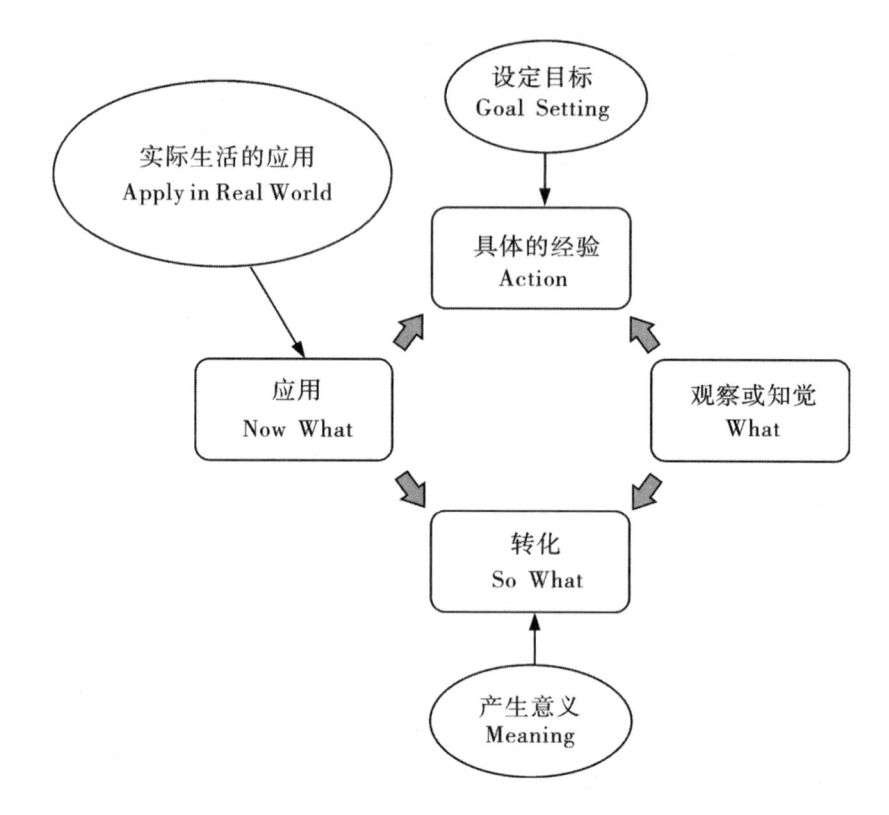

```
                    设定目标
                    Goal Setting
                        │
                        ▼
   实际生活的应用      具体的经验
   Apply in Real World  Action
         │           ↗       ↖
         ▼         ↙           ↘
      应用                    观察或知觉
     Now What                  What
         ↘                   ↙
           ↘               ↙
               转化
              So What
                ▲
                │
             产生意义
             Meaning
```

4. "4F"催化分享引导法[①]。

"4F"即四个以F为首字母的单词，分别是facts、feelings、findings和future，意思分别是过程回顾、深刻感受、启示发现和前瞻应用。下面分别来谈谈这四个环节：

过程回顾（facts），即回忆和重温活动的客观画面或镜头。此阶段主要的内容方向是发生了什么。在开始解说时，导师要为团体寻找对现实的共同理解，建立共同基础，以促使学生在分享和发言中互相学习；在回顾具体过程和结果时，导师要善于针对时间、地点、人物、特定情景，勾画出深刻的动人场景，从而达到感人的效果；同时还应引导学生从多角度富有弹性地看待问题或事实，以产生不同的观点，在当中善于发现个体的付出，结合开放式提问来引导学生深入描述事实。可引用的引导句式有：刚才发生了什么事？后来又发生了什么？刚才我

---

① 黄干知，梁玉麒，刘有权．一团和戏：130个团队游戏带领技巧[M]．香港：策马文创有限公司，2013．

们看到、听到和做了什么？最难忘（最有趣）的是什么？谁还有相同或不同的经历？有没有任何意料之外的事发生？最重要的关键点或最重要的时刻是什么？刚才遇到了什么困难？我们如何克服？是什么影响了你的态度和行为？如果从孩子（或家长）的角度来形容这事，你会怎么说？

深刻感受（feelings），即表达、分享主观的感受，把焦点聚焦在情绪上。此阶段主要的内容方向是针对感觉和情绪进行提问，可以表达具体经验所引发的情绪情感，也可以自由发泄及表达较强烈的情绪感受，还可以表达听到同伴回应或分享时的感受。引导的句式有：请你说出这一过程中最深刻的感觉是什么？在这个过程中你感到最开心（或最难受）的事是什么？刚才听到的令你感触最深的话有哪些？你对自己（同学、导师）有什么感觉？你感到最矛盾的经验是什么？什么时候你最难投入？你会用哪一首歌（或乐器）来形容此时的感觉？你会用厨房里的哪一个物件形容自己在活动时的表现，为什么？

启示发现（findings），即探索经由活动体验带来的启发或思考，从而促进自我概念的重新形成。此阶段主要的内容方向是你学到了什么，为经验赋予意义及价值，呈现活动的潜在意义和目的，更深入地探讨学习的内容。这种发现，可以由活动过程中的参加者自行发现，也可由导师通过提出原因、定律、结论、解释或引申来触发，协助参加者自我探索、相互交流，从而引发思考。一般的句式有：①为何式，如是什么令你学会担当刚才的角色？②如何式，如你的感觉怎样影响你的行为？③成果式，如你的小组目标完成得怎么样了？④回应式，如你对其他同学的表现有什么看法？⑤联系式，如这次经验与以往的有什么不同？⑥发现式，如你对自己（小组）有什么新的发现？对你有什么意义？⑦评价式，如哪里做得好？是什么令我们获得了成功？

前瞻应用（future），即前瞻思考，进行深入探索行动及学习计划，演练或想象未来可能出现的场景，用现在所学到的经验或知识去解决未来的困难或困惑，把思想转化为行动。此阶段主要的内容方向是这与现实如何联系，这种情况出现时你会如何应对，下一步做什么会更好。具体提问句式有：日常生活中，是否有类似的情况？刚才提到的三个原则，哪一个对你最有帮助？你在生活中曾经用过哪些方法？如果类似情况在学习时发生，你会如何面对？如果再有一次机会，我们要如何应对？

使用"4F"催化分享引导法没有特定的顺序，应体会参加者的处境，根据团体分享时的素材来排序，从当时情景下的最大感触开始，从最易接近的"F"开始；有时了解参加者简单的体验学习就已经足够，当经历高峰体验时，则可考虑完整地以"4F"催化分享引导法循序渐进地进行提问，促使团体成员进行经验整合。一般而言，由最真实的经验（facts和feelings）开始，在充分地回顾历程及关注感受后再关注学习，比较容易入手，当中的思考（findings和future）才是最真切的经验学习。有时也可以将其结合在一起进行提问。例如："谈谈刚才过程中你感到最开心的事"是结合了facts及feelings；"谈谈对你将来的学习有哪些帮助？"是结合了findings及future。

5. "5Q"催化引导法。

"5Q"即五个问题的提问，它们分别是，问题1（Q1）：你们有没有注意到发生了什么？问题2（Q2）：发生此种情形的原因是什么？问题3（Q3）：生活中是否有类似的状况？问题4（Q4）：你是如何处理的？问题5（Q5）：如何运用学习到的经验？

"5Q"催化引导法的连贯性比较强，后一个问题建立在前一个提问之上，在运用中要注意循序渐进，层层深入，根据团体当时的气氛深入分享，引发探索和改变。

6. "6W"提问法[①]。

"6W"即what（什么）、when（什么时候）、where（哪里）、who（谁）、why（为什么）、how（如何）。一般说来，what、when、where有助于导师收集事实，了解基本情况和基础问题；how引导的问句会涉及价值观问题，是最难问得好也最难回答的问题，而且它容易引起个人心理防御机制，所以有时要转换问法以使对方减少防御。如将"你为什么这么难受？"改为"什么让你最难受？"

综上所述，不同的分享句式会有相似之处，从体验者的感觉层面问起，针对内心的观点、期待和渴望提问（见下图），就更能触及体验者的内心深处，改变其思想意识和心智模式，从而使其在行为和行动上做出相应的调整和改变，这也

---

① 郭念锋. 心理咨询师[M]. 北京：民族出版社，2005.

正是体验式走心德育的精妙之处。①

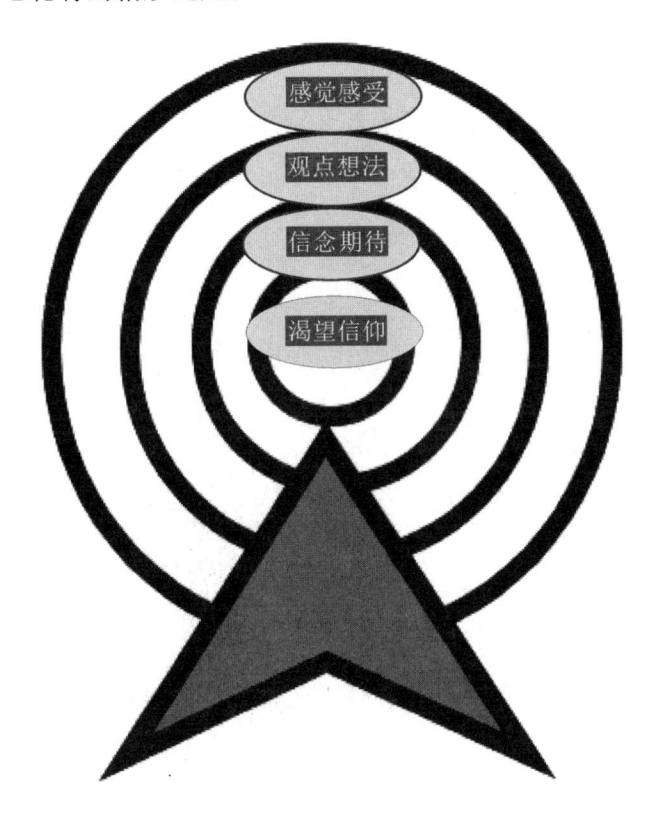

感觉感受
观点想法
信念期待
渴望信仰

要点回顾

1. 积极共育主题活动设计走心思路——主题活动—体验感悟—走心导向—素养生成。

2. 积极共育主题活动实施走心策略——主体参与—活动体验—反思总结—感悟成长。

3. 积极共育主题活动带领走心技巧——护"场"技巧—发问技巧—回应技巧—分享技巧。

---

① 维吉尼亚·萨提亚，约翰·贝曼，简·格伯，等. 萨提亚家庭治疗模式[M]. 聂晶，译. 北京：世界图书出版公司，2007.

一题思考

如何指导、帮助新时代父母成为孩子的"心理同龄人",成为教练型父母,学会把家庭教育原理转化为方法技术?(检测家庭教育、家校共育指导智慧和技术方法的实践应用水平。)

「下编」素养生成指导

第七章 人文底蕴积淀

人文积淀

成语飘香

📖 设计背景

《中国学生发展核心素养》总体框架中明确指出"人文积淀，重点是积累古今中外人文领域基本知识和成果，能理解和掌握人文思想中所蕴含的认识方法和实践方法等。"而现在有些学生人文知识欠缺，尤其是对文化经典的学习提不起兴趣，以至于缺少必要的文化积淀，对探求真、善、美的动力不足。成语是中华文化中一颗璀璨的明珠，更是社会文明的浓缩和精华，是人类社会人文积淀的集中体现。心理学指出，兴趣的激发能提升学习的动力。因此，以主题班会课的形式对中学生进行人文教育，能激发其对真、善、美的探索兴趣，提升他们对文化经典的学习动力。

📖 活动目标

1. 激发学生对于汉字、成语、文化经典的学习兴趣。
2. 通过成语抢答，师生体验传统文化中的真、善、美。
3. 营造成语学习的浓厚氛围，提高学生的学习兴趣。
4. 通过对成语的学习和回顾，激发学生对人文积淀的兴趣，提升学生的人文底蕴。
5. 家长在参与情景体验主题活动时，获得相应成语内容体验感悟，同时了解孩子成语认知和价值构建的素养生成过程，可以增加亲子互动交流的话题，促进亲子有效沟通和共同成长。

📖 设计思路

鉴于目前学生对成语学习的兴趣不足，对人文积淀的兴趣不浓厚，本课先通过"成语接龙"活动营造气氛，再通过"成语抢答"活动，让同学们相互分享成语故事，以期激发学生的学习兴趣，拓宽学生的文化视野。

活动准备

（一）物资准备

背景音乐、相关成语素材。

（二）场地准备

教室或其他室内空场地。

活动过程

（一）活动导入——成语接龙

全班同学分成4个小组，教师说出开头的成语，如"坐井观天"；第一个小组派代表接龙，必须以上一个成语的最后一个字开头，如"天长地久"，就是以"天"字开头的成语（也可以说同音字）；接着下一个小组就要说以"久"字开头的成语；就这样一直接下去，哪组接不上来（中断），就得算输或者接受惩罚。

（二）主题活动体验——成语抢答

指导语：成语是中国汉字语言词汇中定型的词，是中国传统文化的一大特色，有固定的结构形式和固定的说法，表示一定的意义。成语有很大一部分是从古代相承沿用下来的，在用词方面不同于现代汉语，它往往代表了一个故事或典故；有些成语本身就是一个微型的句子。成语是中华文化中一颗璀璨的明珠，下面我们通过这个活动一起来领略经典文化的美。

1. 活动规则。

（1）全班分为4个小组，围绕表示"之最"的成语进行抢答。

（2）教师依次给出表示"之最"的句子，每组以最快的速度想出相关成语，并写在题板上。

例如：最荒凉的地方——不毛之地、荒无人烟；最长的一天——度日如年、一日三秋；最有分量的话——一言九鼎、一诺千金等。

（3）每组全部队员分为"发言人"和"智囊团"，每答对一题加10分，最后累计各组分数。

2．讨论分享。

（1）在刚才的答题过程中，你看到了什么？听到了什么？想到了什么？

（2）你满意答题过程中自己的表现吗？为什么？

（3）这次活动给你带来了什么启发？

3．教师小结。

（1）一个人的智慧和知识储备是有限的，中国古代经典文化博大精深，我们要积淀的内容还有很多很多，需要不断地学习。

（2）成语的韵味在于可以用简洁的语言表示丰富多彩的内容，传递不同情境下的情感。当我们没有文化积淀的时候，看见荒凉的地方，只能感叹一声"好荒凉啊！"而富有文化积淀的人或许就会将其描述为"不毛之地"。

（三）活动变化

主题活动的变化。

1．限定成语要求，如可以是描述"人""物品""雪"等。

2．分组进行经典成语故事的诵读或者用舞台剧的形式进行表现。

简约点评

生动有趣的成语活动，既激发了学生的学习热情，也丰富了学生的成语积累，学生和家长共同参与其中，发现不一样的父母和孩子，为亲子沟通创设了新情境。

著名建筑我来建

设计背景

每个国家都有自己的标志性建筑，每个省份也不例外，这是属于地域文化的人文积淀。人文积淀在"中国学生发展核心素养"的十八大要点中从属于"文化基础"中的"人文底蕴素养"，是十八大要点的第一点，应该说是基础中的基础。"人文"就是人类文化中的先进部分和核心部分，即先进的价值观及其规范。"积淀"指积累、沉淀。简单说，"人文积淀"就是要让我们的学生"有文化"，杜绝所谓"有知识没文化"的现象。因此，在学校教学中，增强学生对国家地域人文的了解，是很重要的。

活动目标

1. 亲师生更加深入地认识一些各地的标志性建筑。
2. 增强学生的民族认同感，让学生体验合作和动手操作的乐趣。
3. 引导学生运用分析、合作、演绎推理和逻辑思考等方式解决问题。
4. 通过搭制古典建筑活动，让学生了解中国建筑的人文积淀、古典建筑的文化特点，理解古典文化的关联性和独特性，从而获得文化自信，尊重中华民族的优秀文化成果，增强人文积淀。
5. 家长在情景体验主题活动中，与孩子共同搭制古典建筑，促进亲子之间的交流和人文素养的提升，通过对中国文化的交流，加强对中国文化的了解，实现亲子共同成长。

设计思路

皮亚杰认为，11~12岁孩子的认知发展进入形式运算阶段，这时孩子的思维不再局限于真实的或可观察到的事物上，形式运算可以帮助个体思考生活中的可能事件，形成稳定的同一性，获得对他人心理观点和行为原因的更丰富的理解。这时候的孩子已经能习得更多的方法去分析和解决问题，如假设和演绎推理，能在解决问题的过程中学习认识自我和世界的方法，认知发展取得的进步还能为个体其他方面的发展奠定基础。本活动设计让学生在探索、设计和搭建古典建筑的过程中，既能通过解决问题获得成就感，也能了解更多中国古典建筑文化特色，获得文化自信，尊重中华民族的优秀文化成果，增强国家认同感。

活动准备

（一）物资准备

小块白萝卜或红萝卜、牙签若干（学生自备）、多媒体课件。

（二）场地准备

教室或其他室内空场地。

（三）其他准备

提前一节课布置任务，让每个小组确定要搭建的中国古典名建筑，并通过不同方式了解其建筑结构和特点。

活动过程

（一）活动导入——报数

全班轮流报数，采用横排轮流的方式，每一位同学轮到自己时坐着说出自己轮到的数字，但在轮到数字有7（7，17，27…）或数字为7的倍数（7，14，21，28…）时，该位同学必须站起拍手，且不可说出此数字。

（二）主题活动体验

指导语：每一座名建筑都有其特点，我国古典名建筑是人类文化的瑰宝，为人们津津乐道，有的设计奇妙，有的雕琢精美，有的恢宏壮阔，这不禁让人们惊叹前人的智慧。现在让我们跟随历史的足迹，当一回名建筑的设计师。

1. 活动规则。

（1）小组利用小块萝卜和牙签搭建我国古典名建筑，要求每个人都参与活动，并清楚自己的任务要求，搭建的作品要表现出选定名建筑的特点。

（2）名建筑搭建好之后，学生可以自由参观各小组作品并猜测名建筑名称。

（3）小组代表介绍自己作品的历史背景和建筑特点。

（4）小组互评，选出最佳建筑队。

2. 讨论分享。

（1）从设计到完成名建筑的过程中，你们是如何确定分工的？

（2）过程中有遇到困难吗？如何解决的？当时感受怎样？

（3）你发现古典名建筑一般有什么特点？

（4）你觉得这个活动对我们的生活和学习有什么启示？

3．教师小结。

（1）历史建筑是一个时代文化的缩影，且不可再生，每一个人都有义务保护好它们（多媒体课件呈现一些破坏名胜的图片）。

（2）"不积跬步，无以至千里"，建筑是一步一步搭建的，生活和学习也是这样，只有重视知识、经验和技术的累积过程，才能搭建起自己绚烂多彩的人生。

（3）中国是一个文明古国，先辈们留下了丰富的文化宝藏，我们如何去传承我们的人文积淀，成为有知识、有文化的人，是我们现在面临的一个重要课题。

（三）活动变化

1．主题活动的变化。

建筑主体除了可选择中国古典名建筑外，也可以根据实际需求，不限定建筑选择范围；可以选择当前学年段教科书上的建筑，也可以是不同时代、朝代的建筑。不过最后选择的建筑是要有显著特点的，能通过学生搭建表现出来的。

2．其他代替性活动——"人体拷贝"。

（1）各小组排成一列纵队，背对老师。老师将写有一组词语（可以是四大发明、诗人名字、诗句、古典建筑名称等，要符合该年级学生的认知）的纸条让每小组的第一个人看一眼，然后请他通过身体扭动把信息传给后面一位成员，依次"拷贝"传动信息，直到最后一位成员。该成员得到传来的信息后，在纸上写出全组"拷贝"的词语。

（2）活动结束前所有同学都不能发出任何声音，也不能用手和脚直接比画文字，违规者重新"拷贝"。

（3）老师介绍活动后，给学生3分钟时间商量策略，如排队组合、传递方式等。

简约点评

亲子齐动手，一起搭建的建筑可能是曾经一起出游的地方，也可能是还在计划中暂未游览的远方。寓教于乐，通过活动，学生可加深对中国文化的了解，增强自身的人文积淀。

人文情怀

七手八脚

📖 设计背景

人是社会性的动物，人的成长就是不断融入社会的过程，只有不断适应社会、适应环境，才能在人生的道路上得到更好的发展。初一新生来到新班级，需要尽快地认识新同学，建立新的同伴关系，这有助于新生更快、更好地适应新学校，顺利进入崭新的初中生活。本次课程设计的目的是在新生关系"破冰"的基础上，让学生进一步体会班级的温暖和力量，增强归属感，使每一位学生都能从心理上、行为上尽快融入班集体，更好地体验尊重人的发展和幸福的人文情怀，这有利于新生人格和心理积极、健康地发展。

📖 活动目标

1. 让学生认识到在班集体中顺利完成任务需要主动参与、分工合作和部分妥协。
2. 让学生通过活动体验同学间相互扶持、共同解决难题的愉悦，感受集体的温暖，消除新同学之间的陌生感，尽快融入新的班集体生活。
3. 鼓励学生通过分工合作、互相协调完成任务。
4. 师生在活动中体验被尊重和被关怀的人文情怀，促进积极乐观心态的形成。
5. 家长和孩子一起参与班集体"破冰"活动，家长陪伴孩子建立新的人际关系，可帮助孩子更好地融入新班级，同时也可加强亲子沟通，体现被尊重和被关怀的人文情怀。

📖 设计思路

勒温的团体动力理论[①]指出，一般的群体动力系统包含三大要素：凝聚力、

---

① 彭聃龄．普通心理学［M］．北京：北京师范大学出版社，2019．

驱动力、耗散力。其中凝聚力是保证群体稳定的因素，群体目标是产生凝聚力的重要因素之一。个体受群体目标的吸引，并将其内化为自己的追求，这样就会产生强烈的依赖与归属心理，尤其当目标具有挑战性，个体渴望最充分表现自身价值时，这种吸引作用就更大。本课程先通过小的热身活动吸引学生的注意力，帮助学生尽快进入课堂，接着通过"七手八脚"活动，设定明确的群体目标，让学生在小组合作中共同解决问题，增强新团体的凝聚力，消除新同学之间的陌生感，帮助学生尽快融入新班级。

活动准备

（一）物资准备

无。

（二）场地准备

室内或室外较空旷的场地。

活动过程

（一）活动导入——一个口令一个动作

请学生围站成一个大圆圈，教师宣布活动内容。活动有"1、2、3、4"四个"数字口令"，每个"口令"对应一个动作：1——做"转圈"动作，2——做"跑"动作，3——做"飞"动作，4——原地不动。活动开始，教师会随机喊出不同的口令，所有同学听到口令就要做出相应的动作。如果不能按照口令行动或行动缓慢，则要举起双手大声喊"我做错了"。教师随机下达口令，等学生记住口令后可适当提高活动频率。

（二）主题活动体验——七手八脚

指导语：一看这个活动题目"七手八脚"，很多同学都可能会想是一个什么怪物呢？怎么有那么多的手和脚？今天，我们就用"七手八脚"来代表我们小组要完成的一个作品，看看哪个小组最默契，可以把这个"大怪物"最快地拼成。

1．活动规则。

（1）活动细则。

①分组：6~8人一组。

②每组所有组员的手或脚必须按照要求的数目着地，手或脚的数目是教师随机喊出的，如7手8脚、6手3脚等，要求各组根据要求完成组合和造型。

③每组摆造型时，要求这个组的所有组员都必须参与进来，即每个组员至少有一只手或一只脚在摆造型（限时半分钟内完成）。

④只可用手或脚接触地面，不容许身体其他部分（如臀部）接触地面。

⑤全组组员须连在一起，小组倒数5秒并喊口号以示完成。

⑥明白规则后小组讨论3分钟再开始。

（2）注意事项。

①应根据人数决定指令要求，逐步减少手脚接触点，调高难度。

②脚比手多的指令较为安全，如"5手8脚"比"8手5脚"安全。

2．讨论分享。

（1）小组有谁提出过方法？尝试了多少次才完成？

（2）我们如何处理不同意见？有谁曾领导过大家？

（3）良好的领导和分工对我们有何作用？以后可以如何实现？

3．教师小结。

大家来自不同的地方、不同的小学，能聚在一个班级里是缘分。在班集体生活中，我们可能会遇到各种各样的需要合力解决的困难，希望在以后的集体生活中，我们能像在今天的游戏中一样，互相协调、分工合作，必要的时候学会妥协，使我们的班级成为一个温馨的家。

（三）活动变化

1．主题活动的变化。

（1）拉近距离：先将报纸平摊在地上，要求听到口令之后将手或脚都放在报纸上。

（2）时间设定：由小组自定完成任务的目标时间，小组间进行比赛。

2．其他代替性活动——"记性收买佬"。

（1）活动规则。

每组派一个代表上台，主持人会派发一张清单，上台代表在2分钟内记下清单上的10样物品，并在3分钟内回到自己组收集物品，物品收集最齐的一组获胜。

（2）注意事项。

①2分钟记忆时间过后，主持人会收起清单。

②只可一次性带物品上台，代表须集齐所有物品上台。

③物品建议：头发3根，发夹1个，学生证4个，鞋子3只，雨伞1把，笔2支等。

简约点评

孩子和父母共同参与新班级的活动，促进亲子关系的同时还能有效地帮助孩子融入新集体，让孩子充分感受到被尊重和被关怀的人文情怀。

寻找有缘人

设计背景

初一新生告别熟悉的小学校园，离开熟悉的小学同学，来到一个陌生的环境，其生活方式、学习环境都发生了巨大的变化。对集体生活和学校饮食的不适应，对未来生活的不确定都会勾起他们心中的孤独和失落，有的同学可能还会产生焦虑、抑郁等负面情绪。及时地引导他们融入班集体，有助于初一新生更快、更好地扎根于初中，更好地体验尊重人的发展和幸福的人文情怀，有利于新生人格和心理积极、健康地发展。

活动目标

1. 让学生认识到主动、积极认识新同学的重要性。
2. 消除学生之间的陌生感，帮助学生尽快融入班集体生活，提高班级的凝聚力。
3. 帮助学生勇敢地向陌生同学打招呼，并记住5位以上同学的名字。
4. 师生在活动中体验尊重和被尊重的人文情怀，促进积极乐观心态的形成，从而发展健全的人格。
5. 家长在参与孩子新班级活动的同时，结识一些志同道合的家长，增强对孩子新班级的了解和建立新的人际关系。

设计思路

新同学之间迅速建立人际关系，一个很好的途径就是寻找共同的心理领域，也就是双方的共同点。共同的心理领域越多，双方之间认可、接受和信任的程度就越高，可能建立的情感联系也就越广泛、深刻和稳固。本次班会课以"抓住机会"游戏开始，通过简单的手指接触游戏调动气氛，让学生初步认识身边的新同学，接着通过"寻找有缘人"这个游戏，让学生找到与陌生同学的三个共同点，发现双方的共同心理领域，增强对新同学的了解和初步建立对新班级的归属感。

活动准备

（一）物资准备

扑克牌1~2副。

（二）场地准备

有可以小范围走动的空间位置的场地。

活动过程

（一）活动导入——抓住机会

每位同学先伸出自己的左手手掌，放在身体左侧，掌心朝下；再竖起自己的右手食指，放在右边同学的左手掌心下，指尖抵住掌心。当听到"机会"这个词时，同学们的左手要飞快地抓住手掌下面的手指，同时自己右手的食指要飞快地逃离，不能被别的同学的左手抓住。

（二）主题活动体验——寻找有缘人

指导语：在座的各位同学，也许来自不同的地域、不同的学校，有不同的经历、不同的爱好，但是仔细看看，我们之间也是有很多共同点的，我们今天就一起来找找我们和新同学有哪些共同点。

1. 活动规则。

（1）活动细则。

每位同学得到一张随机发放的扑克牌后，到群体里寻找和自己的点数一样的"有缘人"。找到"有缘人"后，组成小组，组间相互介绍自己，并通过交谈找出彼此三个以上的共同点，在全班进行交流和分享。

（2）注意事项。

一副扑克牌随机发，每个小组可能有2~4人。如果班级人数太少，则单独一人一个小组的要适当调配。

2. 讨论分享。

（1）我们在游戏中看到了什么？

（2）我们和一群原本陌生的同学一起玩游戏，感受到了什么？

（3）我们在和新同学寻找相同之处的时候，发现了什么？

（4）这个活动对我们有什么启发？

3．教师小结。

通过一个小小的活动，我们发现，茫茫人海中，人与人之间可以有那么多相同点，这些相同之处一下子让我们熟悉起来，希望在新集体、新家庭中，我们能够主动去认识更多的新同学，找到新集体中属于自己的位置。

（三）活动变化

1．主题活动的变化。

可以把扑克牌换成多种颜色的小方形纸若干，将每张纸分别剪出四小块彼此能相互契合的形状，由参与者自己选择一种喜爱的纸片，根据自己所选纸片的颜色与形状，到群体中寻找所持图形与自己图形契合的"有缘人"。

2．其他代替性活动。

随机分组，每组8～10人，随意点一名学生自我介绍姓名、来自的学校；第二名学生接着介绍，但是要说：我是×××后面的×××；第三名学生说：我是×××后面的×××后面的×××。依次类推，最后介绍的一名学生要将前面所有学生的信息重复一遍。

简约点评

俗话说"一个篱笆三个桩，一个好汉三个帮"。来到新班级，有趣的认识新朋友、了解新朋友的活动，能迅速帮助家长和孩子建立新的人际关系，也充分体现了人文情怀。

审美情趣

环保时装秀

设计背景

康德说："美，是道德上的善的象征。"美是生活，是客观存在于生活中的合乎规律的真善内容与和谐形式统一的、丰富独特的、令人愉悦的具体形象。学校教育的一项重要任务，就是要提高学生的审美情趣，培养和发展学生的审美能力。近年来，由于受到不同文化的影响，中学生的审美观念也受到了很大的冲击，对美的看法也在不断地变化，亲子之间的审美观念更是千差万别。本课程希望通过一些和审美相关的活动，帮助学生更好地去发现美、评价美。

活动目标

1. 学生能发现身边不同的美，接纳不同的审美观念。
2. 学生在团队合作中体验发现美的成就感。
3. 学生能依据特定情境和具体条件，去创造不同的美感。
4. 通过活动提高学生发现、感知、欣赏、评价美的基本能力，使其能在生活中拓展和升华美。
5. 家长和孩子共同制作环保服饰，在两代人的审美差异中寻求共同点，同时了解不同年代的审美，提高彼此的审美情趣。

设计思路

审美情趣的培养，需要学生不断地投入到审美活动中去。让学生通过在生活中不断发现美的事物来提高自己的审美兴趣，是培养审美情趣的关键所在。本课程首先开展热身小活动，再引入环保时装秀，通过使用最简单的材料制作时装，让学生在制作过程中体会不同的美，重新对美进行诠释。

活动准备

（一）物资准备

每组废旧报纸30张，A4纸10张，透明胶1卷，双面胶1卷，剪刀1把，彩笔1盒。

（二）场地准备

室内或室外空场地。

活动过程

（一）活动导入——"造反"运动

注意听教师的口令，并做出相反的动作。如当教师说"起立"时，大家要坐下；当教师说"向左转"时，大家要向右转；以此类推。

（二）主题活动体验——环保时装秀

指导语：美在每个人心目中的定义是不同的，我们会发现不同的场合需要不同的美，需要不同的欣赏美的眼睛，今天我们就一起来发现一下。

1．活动规则。

（1）分组，每组5～10人，以组为单位领取材料。

（2）在20分钟内为1位组员设计一套漂亮的环保时装。

（3）每组在设计过程中要准备好解说词，解释环保时装的设计过程，比如创意、实施方法等。

（4）组员穿上环保时装进行展示，展示过程中选定另一位组员宣读解说词。

（5）由大家选出最有创意、最具有美学价值、最简单实用的环保时装。

2．讨论分享。

（1）小组关于环保时装的创意是怎样来的？

（2）小组关于环保时装的美学观点是怎样的？

（3）在设计和展示过程中，最需要的是什么？

（4）你平时选择服饰的标准和依据是什么？

3．教师小结。

（1）当我们拿到报纸时，我发现大家很踊跃地提出自己对环保服饰的理解，里面有很多审美观念的碰撞，但最终方案只有一个，审美有时候就需要我们从不同的角度来看待，学会包容会让我们的小组关系更加融洽。

（2）在小组展示的时候，我看到了大家的创意作品，从不同的角度诠释了美。美有时候也可以很简单，只要我们阳光、自信地展示出来，就是一种美。

（三）活动变化

1. 主题活动的变化。

对设计主题进行限制，例如宫廷系列、校服系列、童装系列等。

2. 其他代替性活动——"环保制帽"。

场地：空旷的地方。

工具：报纸、宽胶带、剪刀、彩笔。

过程：每组发放20张报纸、1把剪刀、1卷宽胶带、1盒彩笔，组员凭借手里的资源，制作一顶帽子，要求帽子要能戴得稳且美观。完成之后小组解说并展示。

简约点评

爱美之心，人皆有之。审美这个话题是比较有年代差异的，家长和孩子通过共同参与和审美有关的活动，促进亲子之间对审美差异的理解，同时也提升亲子之间的审美情趣，有效提升人文情怀。

设计我心目中的校服

设计背景

审美是人类理解世界的一种特殊形式,指人与世界(社会和自然)形成的一种无功利的、形象的和有情感的关系状态。帮助学生树立正确的、健康的审美观,使之能在审美活动中做出科学的、客观的审美判断,是学校美育最根本的任务,也是实施学校美育的首要条件。近年来,由于受到不同文化的影响,中学生的审美观念也受到了很大的冲击,对美的看法也在不断地变化,例如出现了不少学生根据潮流随意更改校服的现象。本课程希望通过一些和校服审美相关的活动,帮助学生提高审美水平和设计水平,培养学生热爱生活、热爱学校文化的情感。

活动目标

1. 学生能发现校服的实用性和重要性。
2. 学生在团队合作的体验中培养积极向上的审美情趣。
3. 学生能依据特定情境和具体条件,对校园服饰有积极向上的理解,进而去创造不同的美感。
4. 通过活动提高学生发现、感知、欣赏、评价美的基本能力,使其能在生活中寻找美、发现美和创造美。
5. 通过体验活动,亲子之间尝试从多个角度去欣赏美,尝试接纳和欣赏彼此之间不同的审美观,共同提高审美情趣。

设计思路

审美情趣的培养,需要学生不断地投入到审美的活动中去。让学生通过在生活中不断发现美的事物来提高自己的审美兴趣,是培养审美情趣的关键所在。本课程首先通过时尚服装发布会的视频,帮助学生了解到虽然时尚离我们不远,但是有很多暂时不适合我们的时尚,再引入设计校服活动,帮助学生在设计过程中重新审视校服。

活动准备

（一）物资准备

每组L码纯白T恤1件，丙烯颜料1盒，剪刀1把，针线盒1个。

（二）场地准备

教室。

活动过程

（一）视频导入

播放时尚服装发布会视频。

（二）主题活动体验——设计我心目中的校服

指导语：刚才我们看了今年时尚服装的发布会，我们会发现美在每个人心目中的定义是不同的，今年可能流行这个，明年又会流行另外一些东西，追求潮流是一条走不完的路。对于服饰，除了潮流，我们还追求哪些元素呢？今天我们一起来看看。

1．活动规则。

（1）分组，每组5～10人，以组为单位领取材料。

（2）在20分钟内为1位组员设计一件大家喜欢的校服。

（3）每组在设计过程中准备好解说词，解释校服设计过程，比如创意、设计的原因、注重的角度等。

（4）组员穿上校服进行展示，展示过程中选定另一位组员宣读解说词。

（5）由大家选出最具有美学价值、最简单实用的校服。

2．讨论分享。

（1）小组关于校服的创意是怎样来的？

（2）小组关于理想校服的观点是怎样的？你认为校服的什么功能是最重要的？

（3）在设计和展示过程中，最需要的是什么？

（4）在校期间穿着校服的作用是什么？

3．教师小结。

在我们平时穿校服的时候，会听到很多的抱怨，说校服这里不好，那里不好，但是刚刚大家静下心来思考自己理想中校服的时候，我看到了很多原有校服的设计原理，例如要代表是我们学校的学生，也要方便体育课运动等。穿上我们学校的校服是作为我们学校的学生的标志，希望大家像爱学校一样爱我们的校服。

（三）活动变化

主题活动的变化。

如果不用真实的衣服，也可以在白纸上进行校服设计。

简约点评

审美教学的表面目标是对美的追求，而终极目标却是对善的追求。要真正实现从美到善的转化，首先需要实现从美的体验、欣赏到美的创造的转化，这样才能真正地感受美、向往美。学生通过在活动中体验美、创造美，能有效提升审美情趣。

第八章 科学精神形成

理性思维

穿越 A4 纸

设计背景

人们每当在工作、学习、生活中遇到问题时，总要"想一想"，这种"想"，就是思维。它是通过分析、综合、概括、抽象、比较、具体化和系统化等一系列过程，对感性材料进行加工并转化为理性认识从而解决问题的。我们常说的概念、判断和推理是思维的基本形式。无论是学生的学习活动，还是人类的一切发明创造活动，都离不开思维，思维能力是学习能力的核心。因此，学生思维能力的培养，是学校教育的一项重要任务，尤其是正处于创新思维培养黄金阶段的初中生的思维能力培养。创新思维的培养，可以帮助学生融会贯通地学习知识，养成独立思考的习惯，促进学生科学精神的形成。

活动目标

1. 使学生认识到可以打破常规思维，从多种角度思考并解决问题。
2. 引导学生在合作、探索和尝试中创造性地解决问题，体验创造性思维和问题解决过程带来的愉悦。
3. 让学生初步形成在日常学习和生活中自觉进行思维训练的意识。
4. 帮助学生大胆尝试，积极寻求有效的问题解决办法，促进学生科学思维的形成，使其懂得去勇于探究。
5. 家长在参与体验活动时和孩子一起寻求问题的有效解决方式，学习一些可以训练孩子思维的方法，并学会积极去探究、寻求解决问题的方法。

设计思路

创造性思维是人类独有的高级心理活动过程，人类所创造的成果，就是创造性思维的外化与物化。本课程先通过故事导入，帮助学生认识到个体有时候会出现思维定式，接着通过"穿越A4纸"的游戏，引导学生尝试打破常规思维去解决问题，把游戏中的所得迁移去处理现实生活中的问题。

活动准备

（一）物资准备

每组剪刀2把，A4纸4张。

（二）场地准备

教室或可供6~8人小组围坐的场地。

活动过程

（一）活动导入——阅读故事

阿西莫夫从小就聪明，年轻时多次参加"智商测试"，得分总在160分左右，属于"天赋极高者"，他一直为此洋洋得意。

有一次，他遇到一位汽车修理工，这位修理工是他的老熟人。修理工对阿西莫夫说："嗨，博士！我来考考你的智力，出一道思考题，看你能不能回答正确。"

阿西莫夫点头同意。修理工便开始说思考题："有一位既聋又哑的人，想买几根钉子，来到五金商店，对售货员做了这样一个手势：左手两个指头立在柜台上，右手握成拳头做出敲击状。售货员见状，先给他拿来一把锤子，聋哑人摇摇头，指了指立着的那两根指头。于是售货员就明白了，聋哑人想买的是钉子。聋哑人买好钉子，刚走出商店，接着进来一位盲人。这位盲人想买一把剪刀，请问，盲人将会怎样做？"

阿西莫夫心想，这还不简单吗？便用手演示，并顺口答道："盲人肯定会这样伸出食指和中指，做出剪刀的形状。"

修理工一听，开心地笑起来："哈哈，答错了吧！"

请问阿西莫夫错在哪里呢？

（二）主题活动体验——穿越A4纸

指导语：（教师举起一张A4纸）同学们，大家觉得一个人，在不使用魔术手段的情况下，能穿越这一张纸吗？很多同学都摇头，难以想象人是怎样穿越这张纸的。今天，我们就一起来挑战一下不可能。

1. 活动规则。

（1）活动细则。

每组分配2把剪刀，4张A4纸，要求小组成员想办法裁剪纸张，使全组同学的身体能够穿越这张A4纸。A4纸不能拆分、粘接、打结或钉在一起，并且在穿越后，A4纸能够还原。

（2）注意事项。

①提醒学生在使用剪刀的过程中注意安全。

②活动之前先询问有没有同学之前接触过这个游戏。如果有，让接触过的同学作为助教，不要在一开始就公布答案，使其他同学失去思考的机会。

③在活动过程中，如果学生较长时间都没有找到解决的方法，教师需要给予适当的提示。

2. 讨论分享。

①你们小组想到了几种方法？从哪些角度、方面想到的？

②有些同学虽然没有找到解决问题的方法，但为何还在坚持？有些同学找到了解决办法，但最后却难以完成，为什么？

③在活动过程中，你有哪些感悟？

3. 教师小结。

今天通过这个游戏，我看到大家能从多个角度寻求解决问题的办法，打破常规思维方式，懂得潜能是可以激发的，希望大家以后在遇到觉得很难解决的困难时，不要被自己的常规思维局限，要从多个角度去思考，可能困难就迎刃而解了。

（三）活动变化

1. 主题活动的变化。

可以要求全组所有同学同时进入A4纸剪成的圈，保持10秒为胜。

2. 其他代替性活动——"结绳网"。

（1）活动规则。

①每小组发一捆编织绳，不可以使用其他辅助材料。

②可以将编织绳任意改造，使其能将一个人安全抬离地面20厘米以上。

（2）注意事项。

①场地最好选择运动场或塑胶跑道。

②指导语中不要出现"结绳网"，避免学生思维定式。

③如时间充裕，可让每位小组成员轮流体验被抬起的感觉。

简约点评

很多家长关注思维训练，但是不知道如何帮助孩子进行思维训练以提高思维能力。通过和孩子共同体验思维游戏的过程，相信很多家长都有很大的启发。

铁钉游戏

设计背景

初中生承受挫折的能力较差,在需承担重大责任和付出很大努力的事件面前常表现得无所适从,表示没有足够的心理能力去应对,因而常常选择退缩。比如在面对初二、初三复习考试时,或面对转学、更换老师和亲人病逝等重大生活事件时,初中生常会表现出恐慌情绪。设计本课程是为了帮助学生体验到一种更大的潜能感和内在力量感,这样,当他们想要达到某个目标时,他们就能把这些潜能和内在力量开发出来,增强克服困难和挫折的信心。

活动目标

1. 帮助学生认识和了解自我潜能。
2. 帮助学生感受通过不断的努力和实践,超越自我设限带来的愉悦感。
3. 帮助学生在面对学习和生活中的困难时突破自我,发挥潜能。
4. 引导学生善于发现和提出问题,提高学生解决问题的能力,初步促进学生理想思维的发展。
5. 亲子一起挑战一个看起来不可能的游戏,突破自我设想,促进亲子沟通的同时也延伸到生活中困难的解决。

设计思路

本课程先通过拍掌活动导入,帮助学生初步认识到人的潜力是无限的,有时没有发挥出来可能是自我设限了。接着通过"铁钉游戏",引导学生去探究,并通过尝试和努力,去体验完成一件之前认为不太可能的事情带来的愉悦感。

活动准备

(一)物资准备

每组13根铁钉,1块薄木板。

(二)场地准备

教室或其他室内场地。

活动过程

（一）活动导入——拍掌计数

①想象：此刻你正在观看一场精彩的演唱会，台上有你最喜爱的偶像，演出结束了，偶像向你走来，你无比激动。现在，游戏开始——请你预估一下，假如你用最快的速度双手鼓掌，5秒内你能鼓多少次？把预估的次数写在纸上。

②鼓掌：鼓掌时间5秒，同学们听到"开始"口令后一边鼓掌，一边数数，努力实现或超越预估的次数，把数字记在纸上。

③原理：心理学研究表明，人的潜能是"海上冰下的水下部分"，开发得好，能挖掘出巨大的能量。

④再挑战一次5秒鼓掌，努力超越前面的次数。把数字记在纸上。

⑤对比前后几次的数据说说为什么会发生这样的变化。

我们每天无数次见到的双手，居然蕴含着如此巨大的潜能，我们在其他方面也一定蕴含着许多待开发的潜能。

（二）主题活动体验——铁钉游戏

指导语：小小的一枚钉子，有很多不同的作用，可以支撑起很多的东西。你们有没有想过，在不借助外力的情况下，用1根钉子托起12根钉子，是否可能？我们今天就要一起来验证一个奇迹。

1. 活动规则。

（1）活动细则。

①给每组分发13根钉子和1块小木板。

②把1根钉子固定在木板上，使钉子直立。

③把其余的12根钉子放在直立的那根钉子上，这12根钉子只能碰钉子，不能碰其他任何东西，也不能借助任何外力，更不能使用工具让铁钉弯曲、变形。

（2）注意事项。

①提醒学生在使用钉子时注意安全。

②在游戏开始前，向学生强调不借助外力完成任务。

③如果学生在游戏中完全没有思路，可以给予一些提醒，例如古代的木质房屋的房梁是如何摆放的。

2．讨论分享。

①刚开始接到任务的时候觉得这个任务难吗？有没有觉得不可能完成而想放弃的人？

②在游戏中同伴对你起到了什么样的影响？自我信念对你的影响又是怎样的？

③在这个游戏中你有什么发现？

④将来当你面对一些你觉得有困难的任务时，你会怎样处理？

3．教师小结。

有时候，个人经验、习惯、偏见等会限制我们去解决问题，但是人是有无限可能的，也许只要我们尽全力去开发潜能，就会有意想不到的奇迹出现，关键在于我们要竭尽全力去开发。其实人的成长过程就是一个不断超越自己的过程，只要我们相信自己，超越自我，脚踏实地，就一定会获得成功。

（三）活动变化

1．主题活动的变化。

可以不固定为13根钉子，改成托的钉子多的小组取胜。

2．其他代替性活动——"百变回形针"。

（1）活动规则。

①教师演示小实验，请学生猜测：在一个盛满250毫升水的一次性杯子中，在不让水溢出的情况下，能放入多少枚回形针？

②学生进行猜测，猜的数字多的学生上前，将猜测的回形针全部放入杯子中。

③如果放入后水没有溢出，请学生继续猜测：还能放入多少枚回形针？再找学生把相关数量的回形针放进杯子，以此类推。

（2）注意事项。

在演示实验时，可以先确认是否有学生实验过，若有，可请实验过的学生当助教，避免干扰其他同学的猜测。

（3）讨论分享。

①你是带着什么心情参加实验的？

②对于"满"字，你是怎么理解的？

③怎样可以更好地发挥自己的潜力？

简约点评

自我设限在日常生活中十分普遍，自己觉得自己做不到就不去尝试了。父母也会对孩子有很多的设限，这种观念也会让孩子错过很多尝试的机会。组织亲子共同完成一些看起来不太可能完成，但是通过努力可以完成的任务，给予家长和孩子一些启发，帮助他们尝试冲破思维的局限，提高解决问题的能力。

批判质疑

模拟记者招待会

设计背景

教育改革对教育提出了新要求，要求转变教育思想，以学生发展为本，突出探究活动的重要地位。批判性思维作为核心素养的重要组成部分，其意义在于辩证更新知识，在遇到不懂的问题时懂得及时去提问，不盲从。但是在现实教学过程中，不少学生并没有养成爱提问的习惯。本次课程从激发学生提出问题的欲望、锻炼学生提出问题的思维、探究如何寻找适合提问的时机和提问的注意事项等方面入手，唤醒学生的问题意识，帮助学生养成辩证地看待问题的思维习惯。

活动目标

1. 学生认识到在学习过程中懂得提问以及掌握提问技巧的重要性。
2. 学生体验通过提问解决难题的愉悦感。
3. 学生在遇到学习上不懂的问题时能在合适的时机主动向老师、同学提出。
4. 通过提问训练，促进学生批判性思维的发展。
5. 家长通过和孩子共同参与体验活动，了解提问的技巧，在生活中也注重对孩子言传身教，唤醒家长和孩子的问题意识。

设计思路

本课程首先通过热身小活动，帮助学生意识到只有运用正确的方法才能提高学习效率，引发学生对在学习过程中如何通过提问去解决问题的思考。接着通过模拟记者招待会，帮助学生了解提问的技巧，促进学生评判性思维的发展。

活动准备

（一）物资准备

无。

（二）场地准备

教室或其他室内空场地。

活动过程

（一）活动导入——逗你笑

两人一组，相互逗笑。不能让对方笑的，要表演一个节目。

引入话题：为了实现让对方笑的目标，需要采用一定的方法，每个人用的方法是不同的。学习也是这样，选择正确的方法才能提高效率，实现学习目标。

（二）主题活动体验——模拟记者招待会

指导语：同学们有看过记者招待会吗？老师觉得记者是一个很厉害的职业，可以通过提问的方式去找到自己想要的答案。提问也是我们学生经常用到的一个很重要的学习技巧，我们通过提问，可以解决学习上的难题，提高我们学习的效率。但同时，提问也是一个技术活。我们今天一起来看看，到底怎样提问才能最快最好地解决我们的问题呢？

1. 活动规则。

（1）活动细则。

一名同学到台前来担任被采访者，被采访者要选取一个具体的事物作为谜底。其他同学充当记者，自由向被采访者提出问题，但提出的问题必须以"是"或"不是"作为答案，被采访者要据实回答。大家提问，直到有人猜中谜底为止。

（2）注意事项。

①根据课堂的时间合理安排游戏时长和次数。

②如果有些谜底相对简单，可以限制问题的数量，例如最后三个问题。

2. 讨论分享。

（1）在提出问题的过程中你有遇到什么困难吗？是如何解决的？

（2）我在活动中提出问题了，是因为什么？我在活动中不能提出问题，是因为什么？

（3）准确地提出你想提的问题需要注意什么？

（4）在你平时为解决学习问题而去提问的时候，需要注意什么？

3．教师小结。

学习是一个发现问题、解决问题的过程，适应初中学习生活最重要的一点就是学会去解决不懂的问题。希望通过今天的课程，我们以后在遇到不懂的问题时能及时提出并用适合的方式提出，也希望今天的课程能帮助我们更好地解决学习上的问题，提升学习能力和优化思维方式。

（三）活动变化

1．主题活动的变化。

可以对具体事物的类别进行限制，例如家里有的、教室里有的、学习用品、生活用品等。

2．其他代替性活动——情景讨论。

（1）活动规则。

①分组：6～8人一组。

②一半小组讨论情景一，一半小组讨论情景二，然后派代表分享。

③情景一：小玲的烦恼。

老师正在滔滔不绝地讲课。小玲有一些疑问，想问又不知道合不合适，犹豫了一下，等回过神来，老师已经讲到下一个段落了，而小玲也忘了刚才的问题是什么了。

小玲现在可以_____。

小玲下次可以_____。

掌握提问的时机，要注意_____

_____。

情景二：小明的难题。

小明又要提问了，他一举手，只听大家不约而同地发出"唉——"的长长叹息。

同学们的这种态度可能是因为_____。

我们以真诚的态度对待别人的提问才不会伤害对方的自尊心。

面对别人的嘘声，小明可以_____

_____。

确定提问的内容，要注意_____

（2）注意事项。

没有标准答案，不以对错来论，符合现实生活实际情况即可。

（3）讨论分享

①我有遇到过和小玲或小明类似的情况吗？

②我在学习上遇到不懂的问题是如何处理的？在提问的时候怎样提问得到解决的可能性更高？

③以后在提问过程中我需要注意哪些问题？

简约点评

个体在学习生活中，经常会遇到一些难以解决的、令人疑惑的实际问题或理论问题，并产生一种怀疑、困惑、焦虑、探究的心理状态，这就是问题意识。家长和孩子通过游戏和情景活动，体验提问方法和技巧的重要性，唤醒问题意识，有利于批判性思维的训练，同时可促进亲子间的有效沟通和共同成长。

两难抉择

设计背景

　　思维是人类特有的一种精神活动，是在社会实践中产生的，它是在感觉、知觉、表象等初级认识的基础上，进行分析、综合，上升到概念、判断、推理的高级、复杂的认知活动过程。初中生思想解放、思维活跃、敢想敢做，这是好的一面。然而此时正是他们人生观、世界观的形成时期，由于社会阅历浅，知识有限，还不太会辩证地看待问题，因而遇事容易产生过激情绪，分析问题特别是现实社会问题时往往带有片面性，容易被假象迷惑，不能透过现象看本质，不能一分为二地看问题，要么肯定一切，要么否定一切。因此，对初中生进行辩证思维的教育与培养，有助于初中生以发展的、辩证的思维正确看待身边发生的事情，正确认识自己。

活动目标

　　1. 学生能认识到辩证地看待问题的重要性。
　　2. 学生体验从多个角度看问题、更加综合看待问题带来的愉悦感。
　　3. 学生能依据特定情境和具体条件，辩证地看待问题和解决问题。
　　4. 通过两难问题的回答，促进学生辩证地分析问题，做出选择，促进批判质疑精神的形成和发展。
　　5. 家长和孩子共同体验回答两难问题，可以帮助双方从不同的角度看待问题，有利于促进亲子间的换位思考，促进家长和孩子批判质疑精神的形成和发展。

设计思路

　　两难故事法是心理学家采用的研究儿童道德判断水平的一种方法，其要求设定个体考虑是非价值并做出困难的决策，但又不可能圆满解决的假设性情境。以故事形式描述的两难情境，让被试者对进退两难的道德问题做出回答，把两难故事法用在这里，希望通过活动帮助学生更加辩证地看待问题。

活动准备

（一）物资准备

无。

（二）场地准备

教室或其他室内空场地。

活动过程

（一）活动导入——阅读故事

孔子和弟子在陈国和蔡国之间的地方受困缺粮，整整七天没进食了。颜回去讨米，讨回来后煮饭。快要熟了时，孔子看见颜回用手抓锅里的饭吃。一会儿，饭熟了，颜回请孔子吃饭。孔子假装没看见颜回抓饭吃的事情，起身说："刚刚梦见我的先人，我自己先吃干净的饭然后才给他们吃。"颜回惊觉道："不是那样的，刚刚炭灰飘进了锅里弄脏了米饭，丢掉又不好，我就抓来吃了。"

孔子叹息道："按理说应该相信眼睛看见的，但是眼见也不一定为实，应该相信自己的心。你们记住，要了解人本来就不容易啊。"

（二）主题活动体验——两难抉择

指导语：我们知道，看问题不能只看表面，而且有时候会出现眼见未必为实的状况。在面对一件事的时候，经常会出现不同的人从不同的角度去看问题，导致我们看问题的时候意见不合或出现偏差。今天我们就一起通过一个故事来学习怎样从多方面去看待问题。

1. 活动规则。

（1）阅读故事——"裁缝的难题"。

在欧洲的一个国家，有一个穷人名叫乌杰，他找不到工作，他的妹妹和弟弟也找不到工作。没有钱，他就去偷他们需要的食物和药物。不幸的是，他被抓住并判了6年有期徒刑。2年后，他从监狱中逃出来，改名换姓并生活在这个国家的另一个地方。后来他赚了钱，慢慢地建成了一家大型工厂，他付给工人最高的工资，还投资建立一家医院，专门为那些看不起病的人服务。20年过去了，一位裁缝认出本厂的老板就是乌杰——一名在逃的犯人，警察曾在自己家乡的镇上追捕过他。

（2）讨论问题。

①裁缝应该把乌杰报告给警察吗？为什么？

②一位公民有义务或责任报告一名在逃犯吗？为什么？

③假如乌杰是裁缝的亲密朋友，他还应该向警察报告乌杰吗？为什么？

④如果乌杰被控告，被带到法官面前，法官是应该判他回监狱还是释放他？为什么？

⑤乌杰偷食物和药物是生活所迫，他应该受到惩罚吗？为什么？

⑥回想一下这个故事，你认为裁缝怎样做才是最负责任的？

⑦你如何认识提出的道德抉择？是否有一种思维方式和方法，可以通过它帮助人们做出良好而恰当的决定？

2. 讨论分享。

（1）在探讨以上问题的时候有遇到困难吗？你是如何解决的？

（2）你觉得最困惑的是哪一道题目？为什么？

（3）在讨论中辩证地分析问题最需要的是什么？

（4）大多数人都相信，在科学上通过思维和推理能得出正确的答案，在道德抉择中也同样如此吗？它们有什么不同？

3. 教师小结。

（1）当我们看到问题的时候，第一反应可能会觉得问题很简单。但是深究下去会发现每一个问题都不容易回答，需要从很多方面去考虑，有些问题即使从很多方面去考虑了也未必能得到自己比较满意的答案。生活中就是这样，需要我们从多个角度辩证地去看待。

（2）同样的一件事情，不同的同学可能会有不同的看法。接纳不同的观点，也是我们完善自己观点的一个重要方面。

（三）活动变化

1. 主题活动的变化。

（1）阅读故事——"海因兹偷药"。

在欧洲，有个妇女患上了一种罕见的癌症，生命垂危。医生认为只有一种药能救她，就是本镇一个药剂师最近发明的镭。药剂师索价2000美元，是成本的

10倍。病妇的丈夫海因兹到处借钱，试过各种合法手段，但他一共才借到1000美元，只够药费的一半。海因兹不得已，只好告诉药剂师，说他的妻子快要死了，请求药剂师便宜一点卖给他，或允许他赊欠。但药剂师说："不行！我发明这种药就是为了赚钱。"于是，海因兹铤而走险，他撬开药店的门，为他妻子偷来了药。

（2）讨论问题。

①海因兹应该偷药吗？为什么？

②他偷药是对还是错？为什么？

③海因兹有义务或责任偷药吗？为什么？

④假如这个生命垂危的病妇不是他的妻子而是个陌生人呢？海因兹应该为这个陌生人偷药吗？为什么？

⑤人们做能挽救别人生命的事情是重要的吗？为什么？

⑥海因兹偷药违反了法律，偷药在道德上是错误的吗？为什么？

⑦一般来说，人们应该尽力做遵守法律的事情吗？为什么？这个问题如何应用到海因兹的行为上面？

⑧思考一下这个故事，你认为海因兹做什么才是最负责任的？为什么？

2．其他代替性活动。

全班分成两组，组成正方和反方进行辩论赛。参考题目如下：

①爱的教育比体罚更有效VS体罚比爱的教育更有效。

②教育更应注重人格培训VS教育更应注重知识培训。

③代沟的主要责任在父母VS代沟的主要责任在子女。

简约点评

两代人的经历不同，对两难故事的看法必然有很大的不同，从中碰撞出来的思维火花可以帮助彼此更加客观地看待这件事情，还可以延伸到现实生活中，帮助解决一些实际困难。

勇于探究

拼图

设计背景

合作的意识和能力，是现代人应具备的基本素质。未来社会，越来越注重个人能否与他人协作共事，能否有效地表达自己的见解，能否概括与吸收他人的意见，这都要求我们要学会合作，学会从他人的智慧中获得启迪。当今的学生尤其是初中生，普遍存在以自我为中心的特点，又处于青春期，在生活和学习中存在不会也不愿与他人合作的问题。在核心素养中，勇于探究的重点之一是能大胆尝试，积极寻求有效的问题解决方法等。而合作是非常有效的问题解决方法，因此，学校教育培养学生团结、协作的群体合作精神就显得尤为重要。

活动目标

1. 通过活动引导学生认识到合作的重要性。
2. 让学生体会同学之间通过合作提高效率从而完成任务带来的愉悦感。
3. 通过活动引导学生学习合作的技巧，增强合作的能力。
4. 通过活动培养学生勇于探究的精神和解决问题的兴趣与热情。
5. 家长和孩子合作解决游戏中的问题，感受合作解决困难带来的乐趣和高效率，从而提高亲子沟通的技巧与培养合作精神。

设计思路

心理学家阿德勒坚信个体决不能脱离他人和社会而单独存在，因而应培养健康的社会兴趣，合作是人类的天生倾向。本课程首先通过"老师说"这一热身活动，帮助学生迅速集中注意力，进入上课状态，接着通过"拼图"活动，帮助学生在小组活动中通过合作去解决特定的问题，在合作中学会探究。

活动准备

（一）物资准备

七巧板（按照组数准备，每组需要1套）、计时器、七巧板可拼出的图案参考若干。

（二）场地准备

教室或其他可供小组围坐的空场地。

活动过程

（一）活动导入——老师说

全班同学听口令做动作，听到有"老师说"三个字，就执行口令；没有听到这三个字就不执行口令。例如：老师说，起立（执行动作）；坐下（不执行动作）。

（二）主题活动体验——拼图

指导语：很多同学都玩过七巧板，小小的七块图形却蕴含着多种变化形式。大家有试过一群人一起玩七巧板吗？今天我们来尝试一下。

1. 活动规则。

（1）活动细则。

每个小组会领到7块图形，目标是在最短的时间内找齐一套七巧板并拼出指定的图形，完成的小组举手示意。

（2）注意事项。

①事先打乱七巧板，按照组数分成若干组，每组拿到的7块图形是一套完整的七巧板。

②如果手上的图形不能拼出指定的图形，小组可以派出2名同学去其他组交换图形，必须是以一换一。

③根据时间可以玩3~5轮游戏，每一轮游戏完成之后组长迅速上交七巧板，以便七巧板重新分组。

④每一轮游戏完成之后，小组迅速讨论1分钟。讨论下一轮如何缩短时间，提高效率。比上一轮时间短的小组给予加分。

⑤参考图形如下：

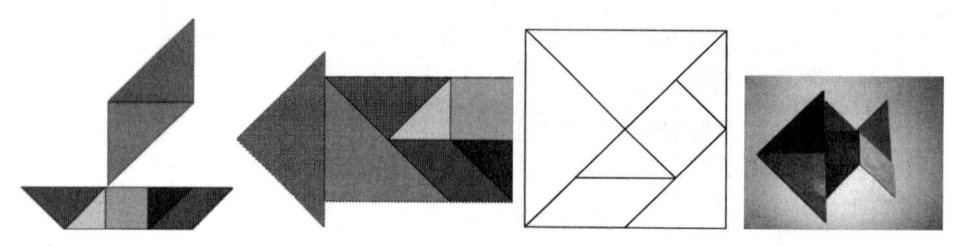

2．讨论分享。

（1）刚才发生了什么事？请描述刚才活动中你看到的团队合作的实例。

（2）你认为刚才谁在促进团队合作？他做了什么？

（3）合作完成任务时大家有何感受？

（4）活动中，大家是如何分工合作的？

（5）合作时产生了什么问题有待你们去解决？

（6）今后你在与他人合作的时候会注意什么？

3．教师小结。

今天这节课大家了解了团队合作的重要性，同时通过体验感悟到了促进我们良好合作的几个条件：一致的目标、有效的领导、合理的分工、同伴之间的信任和部分的妥协等。希望大家能把这种合作的精神运用到平时的学习和生活中，从小事培养自己的合作意识，让自己成为一个善于与他人合作、有团队精神的人，在班集体中自觉做好应该做的事，真正发挥自己在班级中的力量。

（三）活动变化

1．主题活动的变化。

可以用其他的图片（例如挂历图片、明信片等）代替七巧板，把图片剪成若干份，把所有剪好的图片混在一起，分成与小组数量相等的份数。

2．其他代替性活动——"解人结"。

（1）活动规则。

①小组围圈，小组成员分别伸出左手拉住对面同学的左手，伸出右手拉住另外一人的右手；或交叉伸出双手，随意与两个不同的人握手，但不能握左右两旁的人的手，形成一个人结。

②小组成员全程手拉手解开人结，直至围成一个圆圈。

（2）讨论分享。

①刚才提出了多少意见？自己担当了什么角色？

②意见被采纳/不被采纳时有何感受？

③有什么方法可令解结成功？

④小组是先有共识还是先有行动？各有什么好处？

⑤自己往后在小组中可担当什么角色？

简约点评

合作是一门技术活，亲子之间的合作更加需要技巧和默契。在合作中无论是其乐融融还是各执己见，都是现实生活中亲子关系的一种反映。通过合作体验换位思考，从而促进亲子间的沟通和培养合作的意识。

巧解大塞车

设计背景

思维能力是学习能力的核心。初中生正处于思维活跃阶段，头脑中的条条框框还比较少，思维的开放性较强，正处于培养创新思维的黄金阶段。因此通过辅导和训练，发展学生的思维能力，培养学生自觉进行思维训练的意识，无论是为现在提高学生的思维能力，还是为创新能力的形成打下基础，都是十分必要的。本课程旨在通过思维能力的训练，使学生保持好奇心和想象力；能拥有不畏困难、坚持不懈的探索精神；能够大胆尝试，积极寻求有效的问题解决方法等，促进自身科学精神的形成。

活动目标

1. 通过活动使学生能够认识到在团队中解决难题需要整合意见、运用不同的思维方式。

2. 学生在活动过程中体会通过整合意见、共同拟定决策以解决困难的乐趣。

3. 通过活动让学生学会在团队中与他人进行有效合作。

4. 通过活动帮助学生大胆尝试，积极寻求有效解决问题的办法，促进学生科学思维的形成，使他们懂得勇于探究。

5. 家长和孩子一起体验思维游戏，在游戏中加强沟通、促进情感交流的同时也促进家长和孩子思考多种解决问题的方法。

设计思路

皮亚杰的社会性认知发展理论认为，12～15岁的儿童已经进入了形式运算阶段，思维不必从具体事物和过程开始，可以利用语言文字，在头脑中想象和思维，通过重建事物和过程来解决问题。本课程首先通过"头脑风暴"的方式让学生思考回形针有多少种用途，帮助学生拓展思维；接着通过"巧解大塞车"活动，让学生可以充分运用形式运算，不一定每次模拟都需要通过现场实践，有时模拟也可在头脑中完成。本课程可帮助学生在合作中探究共同解决问题的方法并拓展思维。

活动准备

（一）物资准备

无。

（二）场地准备

较空旷的场地，不需要桌椅。

活动过程

（一）活动导入——头脑风暴

1. 活动规则。

分组进行，每个小组10~14人，各组尽可能多地说出回形针的用途，不允许有任何批评意见，欢迎异想天开（想法越离奇越好）。我们寻求各种想法的组合和改进，要求的是数量不是质量（交换组长负责统计数量）。

2. 教师小结。

刚才我们用到的头脑风暴法是一种智力激励的方法，鼓励每个人畅所欲言，提出大量的新观念。每提出一个新的观念，都能引发他人的联想。相继产生一连串的新观念，产生连锁反应，形成新观念堆，为创造性地解决问题提供了更多的可能性。今天我们要运用这一思维来一起解决问题。

（二）主题活动体验——巧解大塞车

指导语：相信大家都有塞车的经历，在塞车的时候我们都恨不得自己所在的车有特异功能。今天我们也遇到了"大塞车"，不过这个"塞车"是可以通过我们的共同努力解决的，一起来挑战吧。

1. 活动规则（以每组10人为例）。

（1）活动细则。

①塞车：教师用粉笔在地上画成一直线的方格（左边5个，右边5个，中间1个为起步格），如下图所示，方格大小以能站1人为基准。其中一半组员站在左边的5个方格中，另外一半组员站在右边的5个方格中，所有组员都需面对着中间空置的以供起步的方格（即两方相对站立）。

```
| ◎ | ◎ | ◎ | ◎ | ◎ |   | * | * | * | * | * |
```

　　　　　　　　　　→　　　←
　　　　　　　　　　（初始队形）

```
| ◎ |   | * |
```

　　　　　　→　←
　　　　　（只可一人前进）

```
| ◎ | * |
```

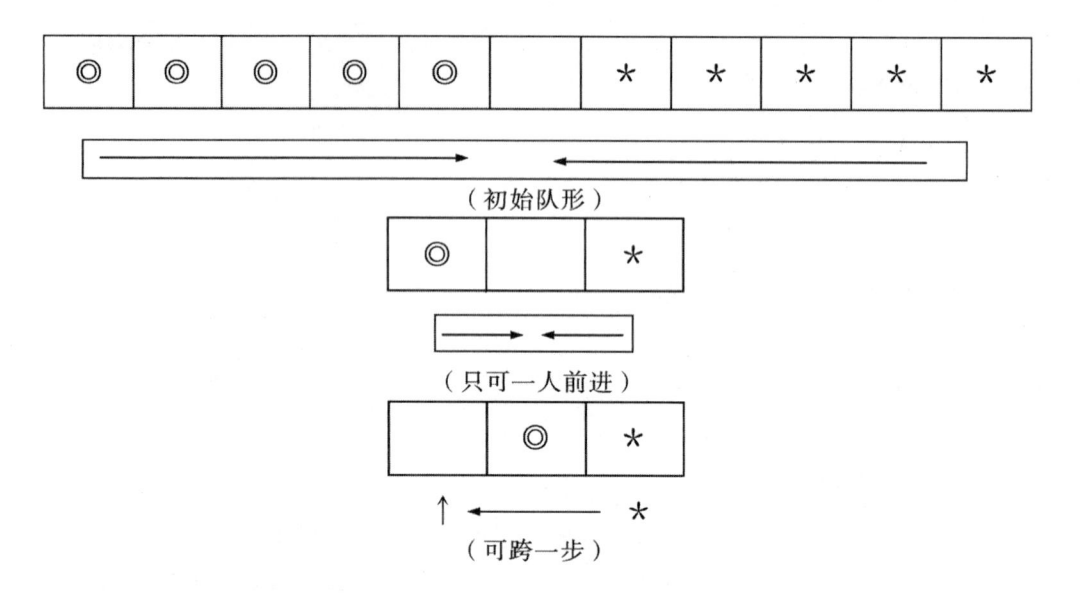

　　↑　←　　　*
　　　（可跨一步）

　　②交通疏通：要求各组以最短的时间把左右两边的组员整体对调位置，原先的朝向和个人的排队次序均不变。

　　③每次只允许1人移动，所有人移动时都只可前进，不可后退。

　　④每个方格只可容纳1人。

　　⑤各组讨论并选出"交警"（指挥者）1人，开始为时10分钟的演练。

　　⑥各组同时开始比赛（每组最好有1位监督者）。

　　（2）注意事项。

　　①两种情况下允许前进：第一，凡是前面有一空格的人，无论其在哪一边，都可向前行1步；第二，面前有空格者的身后的那个人可以绕过他而站在他前面的这个空格中。

　　②正式比赛时只能听到各组"交警"的声音，别的组员不得出声。

　　2. 讨论分享。

　　（1）活动中，你们小组是如何完成任务的？

　　（2）小组成员存在不同意见时，谁来调节成员之间的意见？采取了怎样的方式？

　　（3）在活动中，当你的意见不被采纳时，你的感受如何？

　　（4）以后遇到类似的难题，你觉得最快、最好的处理方式是什么？

3．教师小结。

在活动过程中，我们收获到了解决困难的快乐，希望大家在以后遇到困难的时候，学会发挥团队的力量，整合不同的意见，也可以换个角度去思考，说不定困难就迎刃而解了。

（三）活动变化

1．主题活动的变化。

方格可以用椅子来代替，椅子最好没有靠背，排成一条直线。

2．其他代替性活动——"环保时装秀"。

（1）活动规则。

①分发设计材料：废旧报纸、透明胶。

②小组分工完成，每组需要选出1名模特、1名讲解员和1名裁判。

③各组在25分钟内完成一套时装的设计和制作，并让模特穿上时装，可以自行用材料装饰，但是不能改变主要设计材料。

④设计完毕后每组轮流展示，展示的同时附讲解。

⑤每组派出裁判给其他组的设计作品打分，得分最高的组获胜。

（2）注意事项。

①鼓励学生创新，做出与众不同的"时装"。

②强调全员参与。

简约点评

亲子游戏是家长和孩子交往的重要方式，也是衡量亲子交往质量的重要指标。思维游戏需要有一定的难度，这有助于促进两代人之间的良性沟通，减少亲子冲突。

第九章 学会学习自构

乐学善学

干扰游戏

设计背景

初中生正处于由少年向青年过渡的时期，精力充沛，兴趣、爱好广泛，情绪波动比较大，注意力难以长久集中。特别是随着社会经济的高速发展，竞争越来越激烈，学习压力越来越大，很多同学出现了学习困难、效率不高、学习兴趣不浓、成绩不理想的问题，甚至逐渐失去了学习动力。究其原因，一个很重要的方面就是绝大多数同学在学习时容易受到干扰，注意力难以集中。因此，通过关注学生的学习注意力，提高他们的学习效率和动力就显得尤为重要，这也有助于培养学生乐学善学的核心素养。

活动目标

1. 帮助学生认识到专注、减少干扰对提高效率的重要意义。
2. 帮助学生学会专注，提升效率，体验学习的快乐。
3. 帮助学生体验怎样排除干扰才能提高效率。
4. 帮助学生提高学习的自主性，使其学会学习，乐学善学。
5. 家长通过和孩子一起体验关于注意力的游戏，了解孩子注意力的发展现状和规律，优化学习环境以帮助孩子提高注意力，使孩子更加乐学善学。

设计思路

本课程先通过经典心理实验"看不见的大猩猩"，在激发学生兴趣的同时引起学生对注意力的关注，接着通过干扰游戏让学生体验自己在学习过程中常常会遇到的情境，帮助学生认识到在学习过程中应怎样排除干扰。

活动准备

（一）物资准备

试卷若干、多媒体设备。

（二）场地准备

教室。

活动过程

（一）活动导入——经典心理实验"看不见的大猩猩"

1. 提出问题：视频中穿白色球衣的运动员传球的次数是多少？

2. 播放实验视频。视频播完后，提出新问题：有谁看到了视频中出现的大猩猩？

3. 学生回答这两个问题。

4. 小结：在这个实验中，约有一半的实验者能看到大猩猩。看到这里，可能你会有疑问，觉得自己刚刚明明很认真地在看，为什么会忽略了视频中那么多变化的细节，这就是我们所说的"盲视现象"。盲视现象就是当我们眼前有很多变化的时候，我们只会去关注那些凸显性强的，或是我们自己感兴趣的部分，对于凸显性弱的或是我们不感兴趣的部分，我们就会将其忽略。当人们把视觉注意力集中到某个区域或某个物体时，他们会忽略那些他们不需要看到的东西，尽管有时那些他们不需要看到的东西是很明显的。根据盲视现象的原理，我们可以知道，在学习中，如何有效地分配注意力资源是很重要的。

（二）主题活动体验——干扰游戏

指导语：我们都试过在需要集中注意力做事的时候被各种各样的事情干扰和打断，那么，在学习中我们该如何更好地集中注意力和避免干扰自己及他人呢？

1. 活动规则。

（1）活动细则。

学生数试卷30张，数的同时回答老师问的问题。

①两名学生到讲台上演示，在数试卷的过程中回答老师提出的问题，例如5加6等于几？学号是多少？小学一年级的班主任是谁？

②学生数到30张试卷就停下来，互相核对，看正确与否。

③分组活动，小组长组织干扰活动，负责提问，小组成员轮流扮演被干扰者。

（2）注意事项。

①问题不需要很复杂，简单一点更能让学生体会到在学习中再小的干扰的影

响也是很大的。

②除了体会声音的干扰，也可以让学生体验一下在杂乱无章的环境中数数时的干扰。

2．讨论分享。

（1）刚才你数的数正确吗？

（2）刚才活动中你被干扰的时候感觉是怎样的？

（3）你在平时学习中有没有受到一些类似的干扰？主要有哪些？

（4）以后在学习中你可以做哪些事情去排除干扰？

3．教师小结。

同学们，我们的注意力资源是有限的，当我们关注一件事情的时候，我们就很难再去很好地关注另外一件事情了。在学习上更是如此，一次只做好一件事情，为了提高学习效率，最好的方式就是排除无关的干扰，集中注意力做好一件事情。希望同学们可以在学习过程中集中注意力，拥有更高效的学习。

（三）活动变化

1．主题活动的变化。

数试卷30张可以改成限定时间1分钟，看看在1分钟内数了多少张，之后核对数的数正确与否。

2．其他代替性活动。

两个任务同时进行，两个学生用乒乓球一边向上顶球一边计数，同时还要回答老师提出的问题。

简约点评

经典心理学实验重现，家长和孩子乐在其中，家长在获得愉快体验之余也深刻体会到日常生活中对注意力的一些干扰是可以避免的，从而在观念和行动上帮助孩子提高注意力，进而促进亲子关系和谐发展。

蒙眼作画

设计背景

苏联的教育家维果斯基提出来的"最近发展区"理论指出，教育对于儿童能起到主导作用和促进作用，把握"最近发展区"能加速学生的发展。对于学生来说，制订并坚持合理的目标，能产生强大的学习动力。初中生处于心理、生理高速发展的时期，对学习目标的设定和坚持都存在一定的问题。本次活动旨在帮助学生更清晰地设定自己的学习目标，并能制订相应的学习计划，培养学生乐学善学的核心素养。

活动目标

1. 让学生认识到只有目标在前方召唤，才有追求目标的强大动力。
2. 让学生体验不同目标下的不同情绪反应。
3. 让学生学会制订计划和促进计划的执行。
4. 通过认识目标、制订相应的计划，促进学生积极学习心态的形成，培养学生乐学善学的核心素养。
5. 家长和孩子共同参与体验活动，了解在有目标和没有目标状态下的情绪差异，同时能够共同制订合理目标，从而促进亲子间的定性沟通，帮助学生产生强大动力，提升其乐学善学的核心素养。

设计思路

由于不少初中生对于目标不是太明确以及对如何实现目标比较迷茫，因此本次活动便设计了"棉花糖粘哪里"游戏，以帮助学生认识到太容易和太难实现的目标都不利于学习动力的产生。接着通过"蒙眼作画"游戏，帮助学生更好地体会有目标的重要性，从而更深入地去思考自己的学习目标以及如何去实现这个学习目标。

活动准备

（一）物资准备

没有五官的人物画3张。

（二）场地准备

教室。

活动过程

（一）活动导入——棉花糖粘哪里

教师喊口令"棉花糖粘哪里？"学生回应"粘哪里？"教师喊到的地方，学生就把手放在那里。

例如教师说"粘书桌、粘地板、粘凳子……"最后说出"粘天花板"，让学生体会一下在不同目标下的情绪体验，例如随手可得的目标、努力一下可以实现的目标、怎么努力都实现不了的目标。

（二）主题活动体验——蒙眼作画

指导语：不同的目标给我们不同的体验，我们画画的时候同样需要目标作为指向，实现我们的目标需要很多的条件，我们先来体验一下怎样可以尽快地实现我们的目标。

1. 活动规则。

（1）教师先在黑板上贴出没有眼睛、鼻子、嘴巴的人物画。

（2）请一名同学上台分别按照以下三种情况补充、完善这三幅画。

①蒙眼无指导画画：戴上眼罩，补充、完善第一幅画。

②蒙眼有指导画画：戴上眼罩，由另一名同学用语言指导，补充、完善第二幅画。

③不带眼罩画画：不戴眼罩，直接补充、完善第三幅画。

（3）体验分享：请画画的同学谈一谈，在画这三幅画时的感受；请指导画画的同学谈一谈，在指导该同学画画时的感受。

2. 讨论分享。

（1）在整个过程中，你观察到了什么？有什么感受？

（2）你为什么而学习？你离目标有多远？

（3）你的优势科目是什么？劣势科目是什么？

（4）你当前的学习方法适合自己吗？有没有需要改进的地方？

（5）根据以上的讨论，给自己制订一个详细的短期计划。

3. 教师小结。

（1）合理的学习目标，就是不高也不低、通过自己的努力可以实现的、可以产生强大的学习动力的目标。

（2）了解自己学习的优势和劣势，可以帮助我们更好地查漏补缺，制定目标。

（3）要实现学习目标，制订可行的计划是关键。

（三）活动变化

1. 主题活动的变化。

可以不画，采用贴纸的形式贴上去。

2. 其他代替性活动——"投球"。

（1）邀请两位同学参与（一个擅长打篮球的高个子同学，一个个子最小的同学），其他同学观察。

（2）观察投球：请高个子同学从很远的地方向一个瓶子里投乒乓球，由于隔得很远，高个子同学几乎都投不进，教师问其感受。然后，邀请小个子同学从很近的、几乎可以顺手放进去的地方投球，教师再问其感受。

（3）分享：两位同学几乎都感觉没意思，原因是什么呢？如果要两位同学都感到投球有意思，这个游戏规则又该怎么调整？

简约点评

"手牵手一步、两步、三步……向前走"——家长和孩子共同体验小步子原则及目标导向，深刻体会合理目标的重要性，这有利于提升学生乐学善学的核心素养。

勤于反思

记忆锦囊

设计背景

学习过程贯穿了一系列复杂的心理活动，记忆是诸多心理活动中的一个重要的因素，记忆的直接作用就是知识的保持。有心理学家指出："学生在学校学习，在某种意义上，也可以说他们在学习记忆。"记忆使人积累知识信息和提取知识信息成为可能，人们要获得成功和成就，就必须获得知识、积累知识和应用知识。记忆标志着人类的智能、生命和经验。拿破仑说："没有记忆力的脑袋，等于没有警卫的要塞。"良好的记忆力，可以帮助一个人快速地处理各种事务。中学阶段是人的记忆力发展的高峰期，记忆方法使用得好对学习有事半功倍的效果。

活动目标

1. 通过有针对性的游戏，帮助学生领悟记忆的规律及方法。
2. 引导学生针对记忆规律制订自己的记忆方法。
3. 鼓励学生大胆将自己总结出的方法运用于自己平时的学科学习之中。
4. 在活动中通过自身的心理体验，培养学生发现记忆规律、总结记忆规律的热情，让学生选择适合自己的记忆方法和调整学习策略。
5. 家长和孩子一起体验记忆游戏，帮助孩子获得相应的记忆方法进而提升素养，同时共同了解记忆规律，并通过反思不断地调整记忆方法，增加亲子互动交流的话题，促进有效沟通和共同成长。

设计思路

本课程先通过一个热身活动帮助学生体验当我们带有目标去做一件事情的时候，效率就会提高，记忆也不例外。接着通过一系列记忆活动，让学生在玩的过程中体验记忆的规律，从而帮助学生在了解记忆的规律后学会运用规律去帮助自己记忆。

📖 活动准备

（一）物资准备

多媒体课件。

（二）场地准备

教室。

📖 活动过程

（一）活动导入——一道数学题

1. 请学生数数图中共有几对平行线段。
2. 在学生数完后，教师提问：图中线段共相交于几个点？

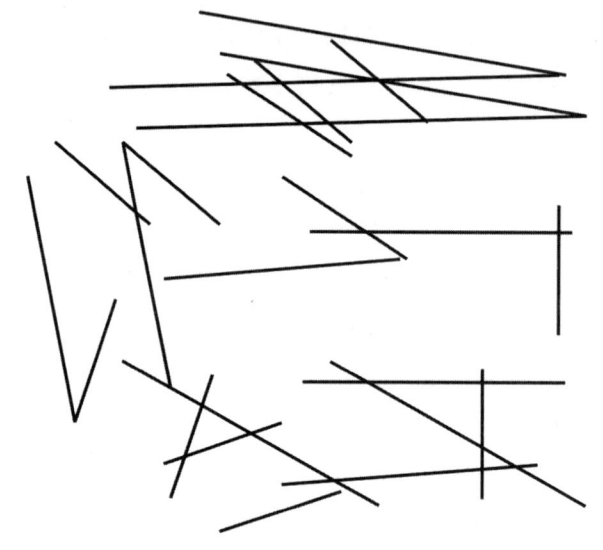

3. 小结：如果我们带着"目标"去做某事，那么我们将会对这项"目标"给予极大的关注。记忆也是这样，当我们带有目的地去记忆一件事情或知识点的时候，记忆也会变得牢固很多。今天我们就一起来体验一下不同的记忆方法。

（二）主题活动体验

指导语：记忆的直接作用就是知识的保持。在我们的学习过程中，知识通过记忆积累和保持，但是我们也时常会听到同学们抱怨，说知识点一多就记不住了。想要知识记得多、记得牢，可是需要很多方法的。

1．活动规则。

（1）记忆姓名。

你即将代表中国学生去参加国际奥林匹克学科竞赛，以下是另外20位参赛选手的资料，请你尽量记住他们的名字：张大明、王晓晓、李彬、朱世杰、王浩、龙艳、杜宇坤、王思远、高岚清、贾新雨、袁月迁、吴蓝越、胡庆迪、胡小敏、于雨、李强、袁小玉、汪梦梦、孙倩、张超。

要求学生写出自己记住的队员姓名，教师将学生记住的姓名板书在黑板上，请学生观察结果。

（2）记忆词语。

学生回答下列问题：

①这个词能填在下面的句子中吗？

"我们班来了个漂亮的＿＿＿＿老师。"（语文）

②这个词与"伯仲"读音一样吗？（播种）

③这个词能填在下面的句子中吗？

"晴朗的天空是＿＿＿＿的。"（红色）

④这个词与"音乐"读音一样吗？（隐约）

⑤这个词是简体字吗？（茶树）

⑥这个词能填在下面的句子中吗？

"这个周末一起去＿＿＿＿看书吧。"（书城）

⑦这个词是繁体字吗？（娱乐）

⑧这个词与"简单"读音一样吗？（简短）

⑨这个词能填在下面的句子中吗？

"昨天我去了海边＿＿＿＿。"（游泳）

⑩这个词与"及时"读音相同吗？（即使）

⑪这个词是简体字吗？（教学）

⑫这个词能填在下面的句子中吗？

"我的数学＿＿＿＿有10米高。"（课本）

⑬这个词与"随手"读音相同吗？（税收）

⑭这个词是繁体字吗？（改革）

回答完上述问题后，要求学生说出记住的括号中的词语。教师将学生的回答板书在黑板上，请学生观察并探索规律。

（3）记忆文字。

将学生学过的古诗的文字打乱顺序，胡乱地展示在屏幕的不同位置，请学生在10秒钟内说出屏幕上文字的个数和记忆屏幕上的文字。如下图所示。

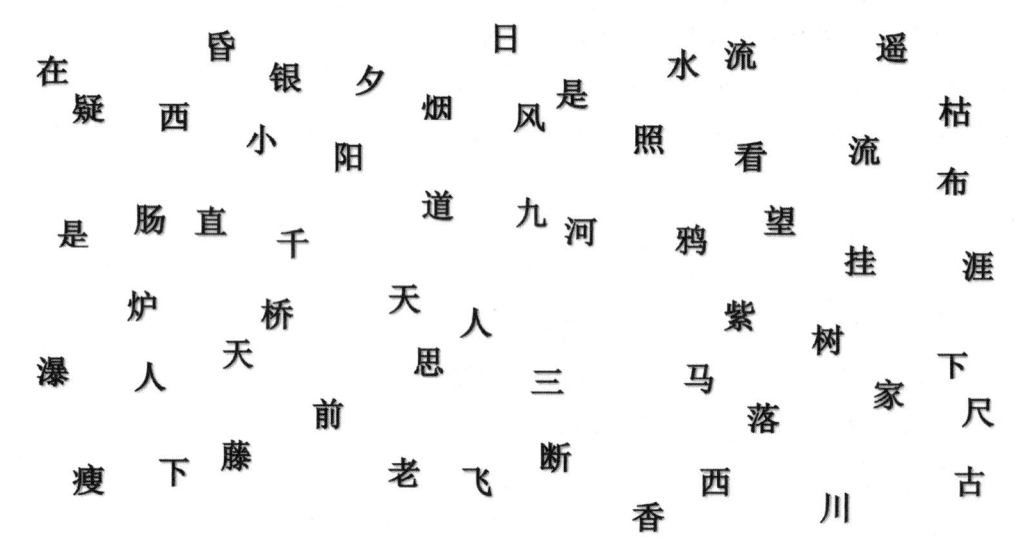

在 昏 银 夕 日 水 流 遥
疑 西 小 阳 烟 风 是 照 看 流 枯
　　　　　　　道 　 河 　 望 布
是 肠 直 千 　 九 　 鸦 　 挂 涯
　 炉 　 桥 天 　 三 紫 树 　 下
瀑 人 　 天 思 人 　 马 　 家 尺
　　　 下 　 前 　 断 　 落 　 古
　　　　 藤 　 老 飞 　 西 川
　　　　　　　　　　 香

2. 讨论分享。

（1）刚才你在活动中记忆的效率如何？

（2）刚才活动中你有发现哪些记忆的规律？

（3）你在平时学习中还可以用到哪些记忆的规律？

（4）你以后在学习中可以做哪些事情去帮助自己记忆？

3. 教师小结。

同学们，我们在刚才的活动中，可以发现一些记忆的规律，例如在记忆一段材料的时候，最前面和最后面的材料最容易记住，中间材料的记忆效果相对较弱；理解是有效记忆的前提和基础，对事物的理解越深入，记忆得越牢固；在找出规律的基础上记忆，效果会更好。针对这些记忆的规律，我们可以采取相应的措施去帮助自己更好地记忆：

（1）循环递进以强化中间知识，分段记忆，逐个击破。即在记忆大篇幅的材料时，我们可以对材料进行分批成段的记忆。这样，每一个段落都会有相应的开头和结尾，从而人为地制造了增强记忆的条件。

（2）在理解的基础上记忆效果会更好，可以展开联想以加深理解。

（3）乱中寻序以发现规律。

（三）活动变化

1. 主题活动的变化。

可以选择其中一项活动对学生进行深入的训练。

2. 其他代替性活动。

（1）全班分成三组，分别用不同的方法，在一分钟内记忆三组难度相同的词语。

①第一组学生用眼看，第二组学生边看边读，第三组学生边看边读边抄。每组派一个代表上台记忆，其余同学在座位上记忆，时间到了之后，用一分钟时间默写，看哪组正确率高。

课件演示内容为：

第一组词语：老鼠、木碗、石榴、太阳、原野、刀子。

第二组词语：星星、猴子、菊花、扫把、芒果、瓶子。

第三组词语：黄瓜、叉子、衣服、云朵、大象、木门。

②评一评：哪一组记得最准确，记得的词语最多。

③讨论：为什么那一组记得最准确。

④小结：看书看得仔细的人就会发现，书上已经告诉我们答案了。一般来说，在学习知识时，如果单靠听或者看，往往难以牢记；如果视、听并用，效果会好得多；如果听、看、说、做合理配合，效果就会更好。简而言之就是眼、耳、口、手齐上阵（感官总动员），记得快来记得牢。

（2）你看下面这些字，你是怎么记住的？（课件展示：休、碧、鑫、否、好。）

学生自由发言。

指导语：刚刚我们记得的是单个字的词语，现在老师要加大难度了，我们再来看一组词语——气球、天空、导弹、苹果、小狗、闪电、街道、椰树。

学生说自己的想法。（在学生发表自己的联想后，教师可举例。联想为：我被气球吊上了天空，骑在一棵飞来的导弹上，导弹射出一个苹果，掉在小狗头上，小狗受惊后像一道闪电似的奔跑，窜过街道，撞到椰树上，死了。）

小结：我们在记字和词语的时候要边记边理解，并且把它们形象地呈现在自己的脑海中，这样就不知不觉地记住了，这就是"理解＋联想"的记忆方法（板书：理解＋联想）。

简约点评

创设思维情境，不断进行记忆挑战，家长和孩子共同参与其中，发现记忆的奥秘，有利于帮助家长和孩子优化工作方法和学习方法。

学习类型大探究

设计背景

每个学生在自己长期的学习过程中，因为先天和后天因素的影响，学习方式都会有所不同。每个人都会偏爱某种学习方式，进而形成自己的学习风格，学习风格就是指一个人在学习的过程中接收信息、保留信息、处理信息的主观方式。在教育教学过程中，学生的学习风格，直接影响学生如何获得知识。通过了解自己的学习风格，学生可以对自己的学习状态进行审视，进而调整学习方法，更有效率地学习。

活动目标

1. 学生能认识到学习风格对学习效率的影响。
2. 学生能体验通过适合自己的方法提高学习效率带来的成就感。
3. 学生能依据学习的具体情况，调整适合自己的学习方法，以提高学习效率。
4. 学生能通过探究不同的学习风格，对自己的学习状态进行审视，选择适合自己的学习策略和方法。
5. 家长和孩子一起探究学习风格，共同反思学习风格和工作风格，从而寻找到最优的学习方式和工作方式。

设计思路

心理测评是一种比较先进的测试方法，它是指通过一系列手段，将人的某些心理特征数量化，来衡量个体心理因素水平和个体心理差异的一种科学测量方法。本课程通过引入心理测评，对学生的学习类型进行分类，旨在对学习风格有一个相对科学的分类，以帮助学生更好地了解自己的学习风格，再通过同种风格的小组讨论，帮助学生对这种学习风格有更加深入的了解。

活动准备

（一）物资准备

每组一张大白纸，两种不同颜色的大头笔。

（二）场地准备

室外或室内空场地。

活动过程

（一）测试导入——中学生学习类型测试表

●以下各项是否与你的情况相符合？有三个选项：（A）经常、（B）有时、（C）从不。请大家选完后，把每道题题号和答案记录在纸上，再看后面的解释。

1. 我喜欢乱涂乱画，笔记本里常有许多图画或者箭头之类的内容。

2. 我的字写得不整洁，作业本上常常有涂黑圈的字或者橡皮擦过的痕迹。

3. 对刚买来的电器或其他新产品，我不喜欢看说明书，我喜欢马上动手试用。

4. 我把事物写下来能够记得更清楚。

5. 我只要听见了就能记住，无须看见或者通过阅读。

6. 当别人给我演示如何去做某事时，我的学习收获最大，而且我也会找机会试着自己动手去做。

7. 如果有人告诉我如何到一个新地方去，我不画下行走线路图就会迷路或者迟到。

8. 写字很累，我用钢笔或铅笔写字的时候很用力。

9. 我喜欢以尝试错误的方式解决问题，不喜欢以按部就班的方式解决问题。

10. 当我想记住某人的电话号码或者诸如此类的事情时，我得在脑子里"看"一遍才行。

11. 即使医生认为我的视力很好，我的眼睛也很容易疲劳。

12. 我在按照指示或说明去做事情之前，喜欢先看一看别人是怎么做的。

13. 我答题的时候，脑子里往往能"看到"答案在书中的第几页。

14. 我阅读的时候，容易把结构相似的词弄混。如马与鸟、请与清、them与then等。

15. 我发现自己在学习的时候常常停下来去做别的事。

16．我在课堂上听讲的时候，喜欢聚精会神地注视着主讲人。

17．我难以看懂别人的笔记。

18．我不善于口头或书面表达。

19．当有人在谈话或者有音乐声时，我很难集中注意力听明白某个人在说什么。

20．如果让我选择是通过听讲座还是通过看书获得新信息，我会选择听讲座。

21．甚至在陌生的环境中我也比别人更不容易迷路。

22．如果有人给我讲个笑话，我很难马上明白过来。

23．我对听来的故事比书上看到的故事印象更深。

24．当我想不起一个具体的词时，我会用手比画着帮助回忆。

25．如果有一个安静的地方，我会把事情干得更好。

26．一首新歌我只要多听几遍就会唱了。

27．体育课上，我不喜欢听老师讲动作要领，而是喜欢自己先模仿。

28．我只要观察过别人干活，无须亲自看书就能学会。

29．看过的电影、电视剧，我对里面的音乐音响效果比对画面印象更深。

30．别人告诉我一个电话号码，我自己不说一遍或者写一遍，一般很难记住，哪怕别人说很多遍或者写下来给我看。

31．我读书的时候喜欢用手指或者笔指着所读之处。

32．如果没有电视看，听广播也能让我很欢乐。

33．我比较喜欢手舞足蹈地跟别人说话。

34．字迹印刷得小、书上有污点、纸张质量差、装订得不好的书或者试卷会影响我的阅读情绪。

35．我不喜欢非常安静的环境。

36．上课记过笔记的内容，即使我没有回头看笔记，也要比没有记过笔记的内容更容易让我记住。

● 测试结果的统计与解释：

选（A）得2分、选（B）得1分、选（C）得0分。

将第1、4、7、10、13、16、19、22、25、28、31、34题的得分相加，记为a；

将第2、5、8、11、14、17、20、23、26、29、32、35题的得分相加，记为b；

将第3、6、9、12、15、18、21、24、27、30、33、36题的得分相加，记为c；

用公式a/（a+b+c）计算你的"视觉"倾向权重；

用公式b/（a+b+c）计算你的"听觉"倾向权重；

用公式c/（a+b+c）计算你的"动作"倾向权重。

若a/（a+b+c）权重得分较高，则相应的学习类型为"视觉型"。视觉型学习者应该设法拓宽自己的视野，例如多向别人学习和请教，多阅读课外读物等以扩大自己的知识范围。这类学习者可以通过以下方式提高学习能力。

1. 用图片来学习；
2. 涂鸦、画符号、图表、地图等；
3. 把艺术与其他学科结合起来；
4. 使用导图；
5. 做想象活动；
6. 进行模拟表演；

……

若b/（a+b+c）权重得分较高，则相应的学习类型为"听觉型"。听觉型学习者应该多培养自己独立解决问题和处理问题的能力，遇到不会或不懂的问题不可急于向他人请教，应该自己多动脑筋想办法，只有在实在无法解答时才可去请教别人。这类学习者可通过以下方式提高学习能力。

1. 把音乐与其他学科领域结合起来；
2. 用音乐调整情绪；
3. 通过音乐来构想画面；
4. 在电脑上谱曲；

……

若c/（a+b+c）权重得分较高，则相应的学习类型为"动作型"。动作型学习者注意力往往不集中，分段学习法就很适合他们，即先集中学习30分钟，然后休息10分钟左右，再改换学习其他学科，慢慢地把30分钟延长到45分钟、60分钟、1.5个小时等，逐渐培养他们集中注意力学习的习惯。同时，为了更好地集中动作型学习者的注意力，可以让他们从感兴趣的学科学起，等情绪调动起来之后再改为学习较难的或不大感兴趣的学科。动作型学习者可通过以下方式提高学习能力。

1. 借助舞蹈、运动、表演来学习；
2. 在自然学科和数学方面多动手；
3. 多改变一下状态或多休息；
4. 利用班级游戏或班级活动来学习；

……

（二）主题活动体验

指导语：有些同学可能一直存在一些困惑，为什么有的同学可以在很嘈杂的环境下学习，而有的同学却只能在十分安静的环境下安心学习；有的同学喜欢在看书的时候走来走去，无论上课还是下课坐姿都没有端正过，而有的同学却喜欢端坐在桌前。其实这些是由每个人的学习类型决定的，不同的学习类型影响着我们学习方法的选择。刚刚我们通过测试，已经有了初步的了解，接下来我们要来进一步探讨每种学习方法的利弊。

1. 活动规则。

（1）根据测试结果将学生分成三大组，再根据每组人数划分小组，每个小组的人数为6~10人，保证每组的成员都属同一种学习类型。

（2）每组一张大白纸和两种不同颜色的大头笔，通过讨论完成下列表格。

学习类型：	
积极影响：	消极影响：
学习建议：	

（3）完成讨论之后每组派一名同学上台总结本小组的结论。

2. 讨论分享。

（1）在测试中得出的学习类型，你平时在学习过程中有发现吗？

（2）你会如何根据自己的学习类型对学习方法进行调整？

（3）你在这次活动中发现了什么？给你带来了什么感受？

3. 教师小结。

（1）刚才在测完学习类型之后，很多同学恍然大悟，说难怪自己平时复习就喜欢看书，不像有的同学喜欢不停地去重复背书，现在才知道原来是受自己学习类型的影响。

（2）学习类型也就是我们的学习风格，学习风格直接影响我们如何获得知识。通过了解自己的学习风格，我们可以对自己的学习状态进行审视，进而调整学习方法，更有效率地学习。

（三）活动变化

1. 主题活动的变化。

判断自己的学习方式：

（1）步骤1：学法定位。

下面有6种学习方式，你最喜欢哪一种？

①动手学习：鼓励学生通过动手学习知识。

②视觉学习：鼓励学生通过声像学习知识。

③自由学习：鼓励学生以自由坐姿学习知识。

④伴音学习：鼓励学生伴随背景音乐学习知识。

⑤成对学习：鼓励学生通过小组协作学习知识。

⑥走动学习：鼓励学生通过间歇活动学习知识。

对照下面对学习者学习特点的描述，再次确认你最符合哪一种学习者类型。

①动手型学习者：这类学生在学习中需要较多的身体活动参与，才能记住课堂教学的内容。动手项目，如模型制作以及节目表演，是一种有效的学习手段。

②视觉型学习者：这类学生记住知识的最佳方式是观看与所学知识相关的电影、教育电视及博物馆展品，这些可以帮助他们更好地学习。

③自由型学习者：这类学生在要求不太严格的学习中，成绩突出。躺在舒适的软椅上，也许比书桌和直背椅子更能提高他们的学习成绩。

④伴音型学习者：这类学生在学习时，需要用声音作为一种背景，才能更好地集中思想。一些电台播放的摇滚乐会促进他们学习，而不会干扰他们。

⑤成对型学习者：这类学生在与另一个伙伴合作学习时，成绩最佳，而单独

或在分组中，不管是大组或小组学习效果都不理想。

⑥走动型学习者：这类学生在学习时要走来走去，或稍稍休息一下，停下来喝点水，眺望窗外一会儿，这样会使其注意力更集中，而不会分散。

（2）步骤2：寻找同类。

找到你所属的学习风格类型了吗？现在请你找到班里和自己学习风格一致的同学，并和他们组成一个小组，一共分为6个小组。

（3）步骤3：风格反思。

现在请每个小组根据自己学习风格的优势和劣势总结这种学习风格给自己带来的积极影响和消极影响。

2. 其他代替性活动——冥想练习。

（1）放松状态。

播放节奏轻快的轻音乐，引导学生回顾自己在学习上比较擅长的方法。

（2）进行冥想。

指导语：准备好了吗？好，现在深深地吸气，慢慢地呼气，再来一遍，深深地吸气，慢慢地呼气，再来一遍，深深地吸气，慢慢地呼气。好！春天来了，一片鸟语花香的美丽景色，你静静地躺在草场上，心情舒适而愉快地享受春天带给你的欢乐。一束温暖的阳光暖暖照在你的身上，你觉得浑身都放松了，特别舒服，你紧锁的眉头舒展开了。请你仔细体会一下眉头舒展之后放松的感觉，你觉得好舒服、好轻松，你觉得额头凉丝丝的，脸上每一块肌肉都特别放松，你觉得舒服极了。这时，你想到了你的学习，回顾一下自己最擅长的5个学习方法，写下来。

（3）秘诀方法。

请大家认为的班里学习最有效率的3位同学和大家分享一下他们的学习诀窍。

（4）改革计划。

请同学们根据以上的训练总结下一步自己准备采取的学习方法改革计划。

简约点评

一群学习方法相似的学生组合在一起，共同探讨和提升，完善学习方法，也会让家长思考自己的工作方式是怎样的。这有利于帮助家长和孩子共同养成勤于反思的核心素养。

信 息 意 识

网络世界明辨是非

设计背景

互联网的出现帮人们解决了不少问题，越来越多的行业和个人已经离不开网络。据统计，截至2018年12月，我国网民规模达8.29亿人，全年新增网民5653万人，互联网普及率为59.6%，较2017年底提升3.8%。网络正在以迅猛的势态发展着。中国互联网络发展状况统计调查显示67.8%的网民的年龄为10～39岁，其中年龄为10～19岁的网民群体占比为17.5%。跟真实的社区一样，网络之中也有应该避免的人和区域，以及其他需要小心接触的东西！初中生作为主要的上网人群，正处于价值观、世界观形成阶段，他们在获得自由表达的权利的同时，也要学会明辨网络中的一些信息，做到不以点概面，不以偏概全，担当起维护网络文明与道德的使命。

活动目标

1. 学生能认识到"互联网＋"时代正确、全面看待信息的重要性。
2. 让学生体验信息在网络传播中的快速性、不可控制性。
3. 培养学生理性鉴别信息真伪、客观和全面评估信息的能力。
4. 培养学生的网络伦理道德素质，提高学生的信息安全意识，使其主动承担维护网络文明与道德的使命。
5. 家长和孩子共同参与体验活动，获得相应的鉴别信息真伪的能力，有利于培养信息意识。

设计思路

本课程旨在使初中生初步具备从多个角度辨别网络信息真伪的能力，初中生的逻辑思维、辩证思维已逐渐发展，因此体验式的"流言蜚语"活动，可以让学生很直观地感受信息传播的迅速与不可控制性。同时利用视频试验，引起学生共鸣，启发学生讨论如何更理性地看待网络信息。

活动准备

（一）物资准备

视频《网络暴力测试》（可在网络上进行关键字搜索和下载）、多媒体设备。

（二）场地准备

室内。

活动过程

（一）活动导入——"流言蜚语"

活动规则：

1. 全班同学分成6个小组，每组排成一列纵队，背向教师。

2. 教师把6个小组排在第一位的同学集中，给他们讲一个短故事，让他们回去小声告诉排在第二位的同学。

3. 排在第二位的同学听一遍故事之后，再轻拍排在第三位的同学，将故事复述给他听，以此类推。

4. 由排在最后一位的同学上台分享故事。

（二）主题活动体验

指导语：信息在传递过程中会有删减、歧义和误解。身处网络时代的我们，各类论坛、直播平台、微信都在充斥着我们的生活，我们彼此会运用网络分享奇闻趣事、心情、美食，在享受着网络便利的同时，似乎也在有意无意中传播着信息。网络世界中同样存在很多不明真相的信息传播，视频会有删减或截取，或是在网络世界中仅凭一点点信息就对一个人进行评价、定位……这样的事情屡见不鲜。不信我们一起来看一个视频，看看你是否也曾无意中做过类似的事情。

1. 活动规则一。

播放视频《网络暴力测试》前半部分。

2. 讨论分享一（结合视频）。

（1）你对视频中的三个人物是如何评价的？

（2）你是根据什么标准进行评价的？

3. 活动规则二。

播放视频《网络暴力测试》后半部分。

4. 讨论分享二（结合现实）。

（1）在平时上网时，你有遇到类似的事情吗？

（2）你所认为的网络暴力有哪些？

（3）如果有人仅仅通过网络上的只言片语就对你进行评价或人身攻击，你会怎么做？

（4）拒绝网络暴力的方法有哪些？

5. 教师小结。

网上的信息质量参差不齐，所以如果要判断网上信息的真伪就需要运用知识加以甄别。而我们目前的知识主要来自书本和生活经验，网络信息和书本知识与他人实际可能存在出入，不要看到一点点信息就觉得自己已经了解这个人了，然后就在网络上下定义或者进行评价。可能你只是了解了这个人的冰山一角，而你的评价恰恰就成为网络暴力的一部分。希望大家在网络上对一些事件保持客观的认识，不以偏概全，少传播不实信息。

（三）活动变化

1. 主题活动的变化。

可以在班里挑选几名同学，提前写好他们的网络行为（如爱浏览的网站、最近发表过的10句网络评论、最感兴趣的明星、平时上网主要的活动……）让班里的同学根据这些信息评价这是一个什么样的人。

2. 其他代替性活动。

（1）播放泰国反网络暴力视频《"感谢"分享》（可在网络上进行关键字搜索和下载）。

（2）讨论分享一（结合视频）。

刚才视频中给你印象最深的画面是哪一幕？假如你是故事中接收到视频的某一人，你会如何选择？为什么？

（3）讨论分享二（结合现实）。

分小组进行讨论，并把结果写在纸上，结束后派代表分享。

（4）活动小结。

在平时上网时，如何保护个人信息？你所认为的网络暴力有哪些？如果有人在网络上对你进行人身攻击，你会怎么做？拒绝网络暴力的方法有哪些？

简约点评

网民是不分年龄的，网络信息的鉴别也是不分年龄的，家长和孩子共同参与和体验网络信息的鉴别，深刻感受网络信息有时是真伪难辨的，可有效提升家长和孩子的信息意识。

我的行程我做主

📖 设计背景

"互联网+"是社会信息化发展的趋势，对于学生来说，互联网更多的是被用于休闲娱乐，如看电影、看电视剧、看直播、玩游戏等。然而滥用网络容易成瘾，降低学习效率。因此，要给予学生恰当的引导，让他们能有效利用互联网获取有用信息，认识互联网更广泛的实用价值。

📖 活动目标

1. 让学生认识到网络对生活的积极作用，培养学生用网络解决问题的意识。
2. 引导学生热爱生活，体验自由、文明的出行方式。
3. 学生具有文化自信，能尊重中华民族的优秀文明成果，能传播、弘扬中华优秀传统文化。
4. 通过合作、分工、利用网络等方式解决问题，让学生认识到互联网的实用价值，提升数字化生存能力，主动适应"互联网+"等社会信息化发展趋势。
5. 家长参与体验活动，获得相应的运用网络解决问题的能力，增强信息意识，同时在这个过程中加强亲子互动，促进有效沟通和共同成长。

📖 设计思路

本课程旨在让学生和家长在利用互联网设计自助游计划的过程中，能合理使用互联网资源解决问题，而不仅仅将互联网用于娱乐，同时激发自身对新鲜事物的需求，提升数字化生存能力，主动适应"互联网+"等社会信息化发展趋势。

📖 活动准备

（一）物资准备

卡纸若干，大头笔若干，小组北京游计划表，小组分工表。

（二）场地准备

电脑室。

活动过程

（一）活动导入

指导语：自助游是一种自由、方便的旅游方式，时间安排可以随意调整，行程上的游览景点也可任你改变，最值得看的景点在哪儿就到哪儿玩。由于没有团体旅游中的购物等项目，在自由行中游客的钱可以花在"刀刃"上，游客的所有时间都是自由活动时间。我们不妨先讨论一下一个驴友设计的4天山东自助游计划：

山东自助游计划

旅行时间：4日3晚　　费用预算：3600元/人

行程安排：

第一天：出发地—青岛

游玩景点：无

交通：飞机

用餐：青岛当地美食

住宿：青岛×××酒店

第二天：青岛—海阳

游玩景点：青岛奥帆中心、北九水、海阳万米沙滩

交通：租车

用餐：崂山山珍宴

住宿：海阳×××酒店

第三天：海阳—威海—烟台

游玩景点：定远舰、养马岛、月亮湾

交通：租车

用餐：韩式风味餐

住宿：烟台×××酒店

第四天：烟台—蓬莱—青岛—出发地

游玩景点：蓬莱阁、牟氏庄园

交通：飞机

用餐：蓬莱海鲜宴

住宿：无

（二）主题活动体验

指导语：其实自助游计划不难设计，我们自己也能做到。让我们以北京游为例，学习设计旅游计划。

1. 活动规则。

（1）主持人介绍北京游计划要点：

旅游时间、费用预算、行程安排（游玩景点、交通、用餐、住宿）、应急预案。

（2）小组内分工：

（　　　　　）小组分工表

组长：

组员分工：

（　　　）财政管理（负责管钱）

（　　　）交通管理（负责查找地图、交通线路）

（　　　）文书管理（负责记录）

（　　　）生活管理（负责住宿、餐饮等生活方面的问题）

（　　　）卫生管理（负责带常用药品及照料生病或受伤的同伴）

（　　　）通信管理（负责对外联络、保管手机等通信设备）

可增设：

（　　　）（　　　　　）管理（负责　　　　　）

（3）小组利用网络资源设计旅游路线，完成旅游计划表。

（温馨提示：①近景先游；②尽量避免路程曲折、重复；③可以参考各大旅游网站。）

（　　　　　）小组北京游计划表

旅行时间：（　　　）天　　　　预算费用：（　　　）元

行程安排：

第一天

景点：_____

交通：_____

用餐：_____

住宿：_____

预算（每人）：_____

第二天

景点：_____

交通：_____

用餐：_____

住宿：_____

预算（每人）：_____

第三天

景点：_____

交通：_____

用餐：_____

住宿：_____

预算（每人）：_____

第四天

景点：_____

交通：_____

用餐：_____

住宿：_____

预算（每人）：_____

第五天

景点：_____

交通：_____

用餐：_____

住宿：_____

预算（每人）：_____

（4）游玩路线汇报展示。

2．讨论分享。

（1）你的自助游设计是否可行？

（2）设计自助游计划最重要的是哪个环节？

（3）你最期待的是哪个景点？为什么？

（4）互联网除了可以用来设计自助游计划，还能用来做什么？

3．教师小结。

（1）做计划首先要考虑的是可行性，假如计划不可行，做的一切准备都毫无意义，自助游计划如此，学习计划也是一样，要量力而行。

（2）自助游计划设计要科学，连贯型路线可以节省路费和时间，路线可以通过旅游地图来设计；游玩时间分配要合理，不同景点所需的时间是有差异的；设计之前最好要先有个预算，对初中生来说，游玩费用太高显然是不合理的。

（3）互联网不仅为我们提供了娱乐生活，也为我们提供了解决问题的途径，我们要开阔视野，充分利用好互联网，绽放青春。

（三）活动变化

1．主题活动的变化。

（1）完全开放型旅程设计：目标地点、费用、时间都由小组自行规划。此设计能让学生更好地体会自由旅行的乐趣。

（2）限定型旅程设计：对目标地点、费用、时间中的一项或者多项做出限定，如3000元7天北京游。此方式能让学生理解自助游设计各关键因素的关联性，使设计更科学、可行。

2. 其他代替性活动——"《××旅游指南》设计"。

（1）提供一个地区的旅游指南让学生产生初步认识。

（2）了解旅游指南的元素构成：吃、住、游、购、玩。

（3）利用互联网资源制作所在城市或镇区的旅游指南。

（4）《××旅游指南》汇报分享。

简约点评

家长和孩子共同对一个彼此感兴趣的互联网话题进行规划，并延伸到生活中，把规划变成现实，解决现实生活中的实际问题，培养信息意识和"互联网＋"的时代意识。

第十章 健康生活养成

珍爱生命

鸡蛋宝宝成长记

设计背景

初中生正处于青春期，受生理、心理变化的影响，他们的自我意识不断增强，与父母的关系也发生了一些微妙的变化，表现为他们对父母的依赖感降低，希望得到父母的理解和尊重，对父母的管教开始有抵触情绪，不能正确理解父母的爱，甚至对父母的管教产生反抗心理和对立情绪等。因此，帮助学生理解父母，感受父母的爱，使其愿意与父母沟通，形成良好的亲子互动关系显得尤为重要。亲子关系的和谐发展，也有助于帮助学生更好地理解生命的意义，学会去珍爱生命，促进积极心理品质的形成，从而发展健全的人格。

活动目标

1. 让学生认识到与父母之间的代沟是客观存在的，培养主动与父母沟通的意识。

2. 帮助学生理解父母，感悟父母的爱。

3. 引导学生在将来遇到亲子冲突的时候，能积极主动地沟通，解决冲突。

4. 帮助学生更好地理解生命的意义；促进亲子关系的和谐发展，促进学生积极心理品质的形成，从而促进学生健全人格的形成。

5. 家长参与体验活动，与孩子共同理解生命的意义，懂得生命的弥足珍贵，建立良好的亲子互动关系。

设计思路

本课程首先通过观察心理的双关图，让学生理解很多东西具有两面性，从不同的角度看到的东西会不一样，接着通过"鸡蛋宝宝成长记"活动，让学生理解在成长过程中出现困难和冲突都是正常的，关键是要通过积极沟通去解决问题。

活动准备

（一）物资准备

每人1个乒乓球和1个纸碟，用于设置路障的纸箱15个。

（二）场地准备

较为空旷的室内或室外场地。

活动过程

（一）活动导入

教师呈现4幅心理的双关图，让学生判断看到的是什么。

小结：不同位置、不同视角、不同经验，同一张图片也可能解读出完全不同的意思。

（二）主题活动体验——"鸡蛋宝宝成长记"

指导语：我们在平时买鸡蛋的时候是小心翼翼的，因为怕一不小心磕到，鸡蛋就会碎了。一个鸡蛋要顺利孵出小鸡也是很不容易的，需要鸡爸爸、鸡妈妈很细心的呵护，今天我们一起来体验呵护鸡蛋宝宝成长。

1. 活动规则。

（1）活动细则。

鸡蛋宝宝的成长之路有很多的难关，其中有5个难关需要鸡爸爸、鸡妈妈的帮助。（将5排纸箱搭成递进式的高低不同的障碍物来代表难关，越往后越难，障碍物越来越高。）

第一关：保证鸡蛋宝宝的健康；

第二关：培养鸡蛋宝宝良好的情绪；

第三关：督促鸡蛋宝宝学习生活本领；

第四关：督促鸡蛋宝宝学习知识；

第五关：培养鸡蛋宝宝良好的性格。

①每组推荐鸡爸爸和鸡妈妈人选。

②将鸡蛋宝宝（乒乓球）放在纸碟内，鸡爸爸、鸡妈妈一起拿纸碟跨越障碍物，鸡蛋宝宝没有掉落为完成任务。

（2）注意事项。

①鸡爸爸、鸡妈妈全程不能用身体部位碰到鸡蛋宝宝。

②纸箱的高度要有层次，要使活动有一定的难度，但同时也要保证有小部分学生能完成任务。

③由于有些纸箱比较高，需要安排一些学生在纸箱旁保护。

2. 讨论分享。

（1）有多少鸡爸爸、鸡妈妈完成了护送鸡蛋宝宝的任务呢？

（2）鸡蛋宝宝成长路上的困难我们是否也有遇到过？

（3）我们的爸爸妈妈有没有遇到同样的困惑与考验？如果父母知道鸡蛋宝宝所面临的危险，会选择让鸡蛋宝宝滚动还是将鸡蛋宝宝安全地抓在手上？

（4）如果以后和父母出现了矛盾，我们应该怎样去看待？

3. 教师小结。

由于看问题的角度不同，我们在成长过程中常常会发生亲子冲突。我们要明白，父母的看法和我们不一致很正常，父母的做法源于他们的人生经验和对子女深深的爱，希望将来大家在遇到亲子冲突的时候能尊重父母的观点并尝试和父母积极沟通。

（三）活动变化

1. 主题活动的变化。

增加活动的刺激性，也可以把乒乓球换成用保鲜膜包好的鸡蛋，提高学生参与活动的投入程度。

2. 其他代替性活动——"心理情景剧"。

由每组学生抽取主题，表演心理情景剧。

主题一：星期天下午，小明还没开始做作业，父母过来检查作业看到小明正在玩游戏。

主题二：小玲妈妈今天很晚下班，回到家看到家里还没有人做饭，而小玲正在看电视。

主题三：小刚最近和一个经常打架的同学走得很近，小刚的爸妈想和小刚谈谈。

讨论分析：

（1）上述情景，你有遇过类似的吗？

（2）当你扮演父母的时候，你的感受是什么？

（3）如果以后和父母发生了亲子冲突，你会如何处理？

简约点评

创设困难情境，家长和孩子共同呵护"鸡蛋宝宝"，感受生命的来之不易，加深对生命的感悟和理解，有利于珍爱生命素养的提升。

寻找人生珍宝

设计背景

初中生刚刚步入青春期，与生理成熟速度加快相比，心理成熟速度明显滞后，初中生在遇到挫折时，情绪波动大，反应强烈，容易做出一些不计后果的冲动行为，比如有些学生因为某些琐事而选择自我伤害，甚至自杀。近年来，青少年的自杀率逐渐上升，面对这些问题，我们不得不反思。学生如此过激行为背后的原因，除了自身抗挫折能力较差之外，更重要的是对于生命的无知和漠视。所以生命教育成为青少年教育中的重中之重！本次活动旨在帮助学生感知生命中的美好和珍贵，理解生命的意义和人生价值，学会珍爱生命。

活动目标

1. 引导学生认识到生命的宝贵和生命中的珍宝。
2. 让学生认识到生命既美好又短暂、既要设立目标又要明白其不可预见，要好好把握和珍爱生命。
3. 让学生学会珍爱生命，悦纳生命。
4. 引导学生初步理解生命的意义和人生的价值。
5. 家长参与体验活动，获得对生命的感悟，从而提升素养，同时了解孩子的生命感悟，增加亲子互动交流的话题，促进有效沟通和共同成长。

设计思路

本课程首先通过故事导入，吸引学生关注生命的历程，接着通过"寻找人生珍宝"活动，引导学生发现生命中最重要和最宝贵的东西，以更好地悦纳生命。

活动准备

（一）物资准备

每人一张A4纸。

（二）场地准备

教室。

活动过程

（一）活动导入——阅读故事

有个叫阿巴格的人生活在内蒙古草原上。有一次，年少的阿巴格和他的爸爸在草原上迷路了，阿巴格又累又怕，到最后快走不动了。爸爸就从兜里掏出5枚硬币，把1枚埋在草地里，其余4枚放在阿巴格的手上，说："人生有5枚金币，童年、少年、青年、中年、老年，你现在才用了1枚，就是埋在草地里的那1枚。你不能把5枚都扔在草原上，你要一点一点地用，每一次都用出不同来，这样才不枉人生一世。今天我们一定要走出草原。世界很大，人活着就要多走些地方，多看看，不要让你的金币没有用就扔掉。"在父亲的鼓励下，那天阿巴格走出了草原。长大后，阿巴格离开家乡，成了一名优秀的船长。

（二）主题活动体验——寻找人生珍宝

1. 活动规则。

（1）人生有很多自己珍视的东西，今天我们一起来探寻一下。

①制作八宝箱：将A4纸对折3次，打开后便有8个格子，将其作为我们的人生八宝箱。

②让学生把人生中最重要的8样东西，装入人生八宝箱（写在8个格子里）。

③教师引导：沿着人生的长河，我们带着人生的八宝箱，乘着小船出发了，一路上风波不断。

第一次，我们的船超重了，需要打开八宝箱，选择其中一样东西丢进河里。

第二次，狂风暴雨袭击，需要扔掉另外一样宝贝以渡过难关。

第三次，前方出现暗礁，需要再次做出选择。

第四次，漩涡接踵而来，我们不得不再次做出选择。

经过4次的选择，终于暂时风平浪静，可以停下来休息一会儿，看看手中的八宝箱还剩下哪几样宝贝。转眼间，乌云密布，暴风雨又来了，这时候又要再次丢掉手中的一样宝贝。

最后，曙光终于出现了，经历了5次的选择之后，我们可以到岸上好好休息了。

（2）注意事项。

①教师如果发现学生在选择时犹豫了，应给予适当的鼓励和及时点拨。

②选择时要留够时间给学生充分思考。

③如果有音乐渲染，效果更好。

2．讨论分享。

（1）你认为人生中最重要的8样东西是什么？

（2）你依次丢掉的宝贝分别是什么？

（3）丢掉这些宝贝会给你的人生带来什么影响？

（4）最后你留下了哪3样宝贝？留下它们的理由是什么？

（5）在以后的生活中，你会用哪些实际行动去维护和珍视这些宝贝？

3．教师小结。

在生命中，我们有很多珍宝，这些珍宝可能是人或物，可能是情感关系，也可能是品质等，我们通过抉择，知道哪些对我们来说是最重要的，也希望大家尽可能用自己的实际行动去呵护自己生命中的珍宝。

（三）活动变化

1．主题活动的变化。

可以根据不同的学生调整8样东西，例如人生中最重要的8个人、最重要的8个品质等。

2．其他代替性活动——"生命的抉择"。

（1）活动规则。

①从你现在的年龄开始算，你的人生之路还有漫长的60年、70年甚至80年，在这么长的时间里，你想做些什么事情？（请学生回答）并画下生命数轴：01、02、03、04、05、06、07、08、09、…、100（岁）。

②请选择其中的6件事写下来——这6件事应该是你经过思考后，发自内心的认为是你人生中最应该做、最有必要做、最值得做的事情。想好后，请用简短的语言快速地写下来。写的文字自己能看懂就可以了，不需要告诉别人。（播放音乐，请学生动笔完成。）

③进行抉择游戏。

A．受日益恶劣的环境影响，你只能再拥有30年的生命了。生命缩短，你能做的事情也只剩4件了，请用笔把另外2件划掉。划掉的事情将永远不再有机会完成，即使是你十分不愿割舍的，也没有实现的可能了。

B. 因为疾病的侵扰，你还要被迫再舍弃将近20年的生命，从余下的4件事情中再减掉2件吧。请开始行动，划掉的事情今生将与你无缘了。

C. 因为战乱的原因，你的生命只有1年了，在短短的1年中，你只能做好1件事情，请你把你无力去做的事情划掉。同样，划掉意味着永远的舍弃。

D. 因为灾难的不期而至，你的生命只有1天了，你已经无力再做任何事情了，请舍弃最后一件事情吧。这件事情的消失意味着你什么事情都无法实现了。

（2）讨论分享。

①你想做的事情主要有哪些？

②后来依次舍弃了哪几件？

③在活动中，你有哪些感悟？

④在接下来的生命旅程中，为了实现目标，你有哪些准备？

简约点评

创设"寻宝"情境，家长和孩子共同进入情境寻找人生珍宝，品味人生可贵，加深对生命的理解，从而更加珍爱生命。

健全人格

情绪互诉

📖 设计背景

情绪能直接反映出一个人的内心世界及想法,是人们在认识和处理事物的过程中表现出来的一种态度。当代初中生时常面临学习与考试的压力、青春期的困惑、人际交往的烦恼、自我成长和人格培养过程中的障碍等,他们的情绪波动较大。无论是挫折还是失败,这些常见问题总会不同程度地影响一个人的情绪,影响学生的学习和生活,更严重的甚至还有可能会阻碍健康人格的发展。可见,一个人情绪的好坏对学习、生活、工作都有很大的影响。因此,科学的情绪情感教育就显得尤为重要。初中生学会调节和管理自己的情绪,有利于促进健全人格的形成。

📖 活动目标

1. 帮助学生了解有关情绪的知识,体验不同的情绪,认识情绪的基本类型。

2. 引导学生通过倾听、观察,理解和感受对方的情绪,并感受自己当下的情绪。

3. 提高学生对自己及他人情绪的洞察力,学会尊重和关注他人的感受,并适时、适当地表达个人情绪。

4. 通过活动,帮助学生初步学会调节和管理自己的情绪,从而发展健全的人格。

5. 家长参与情绪体验活动,获得相应的情绪体验感悟并提升素养,同时了解孩子情绪调节和管理素养的生成过程,增加亲子互动交流的话题,促进有效沟通和共同成长。

设计思路

初中生天真、幼稚、活泼好动，绝大多数初中生还带着小学生时期的好多习性，但初中生的可塑性很强，我们可以根据中学生的心理发展特点，通过体验式的活动去增强学生在过程中的体验，加深他们对情绪的理解。本次班会课首先通过"角色扮演"活动，帮助学生体验各种不同的情绪，接着通过"情绪互诉"活动，帮助学生学会更好地去体会他人的情绪以及更好地去倾诉自己的情绪，提高对自己及他人情绪的洞察力。

活动准备

（一）物资准备

无。

（二）场地准备

教室。

活动过程

（一）活动导入——"角色扮演"

请一名学生上台选择9种设计的情境中的几种或全部进行表演，不可以讲话，只能用表情来表达在该情境中的心情与感觉，其他学生负责猜心情。

情境设计：

（1）打游戏的时候，不小心打爆机了。

（2）自己心爱的小宠物死了。

（3）同桌讲话，老师却批评了你。

（4）一场事关自己前途的考试即将开始。

（5）地震了，楼房在震动，桌椅在摇晃。

（6）上完体育课回到教室，看见一个人正在翻你的书包，书包内的东西掉得满地都是。

（7）吃饭的时候，一个同学正在讲污秽的事情。

（8）走在路上，一个人碰了一下自己。

（9）坐车时，发现一个人在偷自己的钱包，而且手上还拿着刀。

让学生根据同学的表演，归纳出在上述9种情境中人的心情、感受——开心、难过、委屈、紧张、恐慌、愤怒、厌恶、坦然（或恼怒）、无奈。

（二）主题活动体验——情绪互诉

指导语：刚才我们通过表演感受了几种不同的情绪，不同的情绪下人们会有不同的表现。情绪有积极和消极之分，有消极情绪并不可怕，关键在于我们面对消极情绪时的处理方式。

1．活动规则。

（1）活动细则。

①同学两两为一组，面对面坐着，向同伴诉说你最近遇到的一件事，这件事可以是开心的、不顺心的、焦虑的或难过的等。

②每组同学述说时间为10分钟，每名同学为5分钟，教师计时提醒。

③在一名同学倾诉时，同伴只能认真倾听，通过听对方的语言内容、声音，观察对方的面部表情、肢体动作等，用心理解和感受对方的情绪，不得插话。

④自己在倾诉时也可以适当感受自己当下的情绪。

（2）注意事项。

①随机分组。

②分享以自愿为主，可适当鼓励发言较少的同学。

③分享过程中强调保密和尊重原则。

2．讨论分享。

（1）同伴描述了什么事件？

（2）同伴的情绪有哪些？

（3）同伴的面部表情和肢体语言中给你留下深刻印象的是什么？

（4）同伴分享时的情绪对你自己的情绪有什么影响？

（5）当你向对方倾诉时，你有什么感觉？当你被倾诉时，你有什么感觉？

3．教师小结。

说"少年不识愁滋味"的人一定不理解少年，随着我们一天天长大，烦恼和欢乐也越来越多，感觉也时好时坏，有时候竟会莫名其妙地陷入苦恼与哀愁之中，不知道自己到底怎么了，是快乐还是忧愁……你知道自己的心情吗？如果不知道，说不上来的话，就需要学会整理并表达自己的情绪和情感，重要的是还需要学会承认并正视自己的情绪和情感，认识情绪对自己身心的影响，学会调节和控制自己的情绪，做情绪的主人，不做情绪的奴隶。

同学们，每个人在一生中都会遇到各种各样的事情，这些事情会给我们带来不同的情绪体验，我们在认识自己情绪的同时，也可以通过倾听和观察了解他人的情绪，希望大家能在生活中多体悟、多观察，对情绪有良好的洞察能力。

（三）活动变化

1. 主题活动的变化。

如果最近班级里学生的某一类型的负面情绪较多出现，倾诉的内容可以限定为某一特定情绪。

2. 其他代替性活动——"情绪万花筒"。

（1）活动规则。

你知道自己的情绪状况吗？我们一起来做一个自己的情绪蛋糕。

①教师发给学生每人一张情绪蛋糕的图片。

②学生想一想最近一周自己的情绪状况如何，出现过多少种情绪，并分别估计一下每种情绪持续的时间占一周时间的比重，算出百分比，然后按照百分比"切"出一个情绪蛋糕，并给情绪蛋糕上色，如心情好的时候可以用明亮的颜色，心情不好的时候可以用灰暗的颜色。

③教师先展示自己课前完成的情绪蛋糕。

④学生完成自己的情绪蛋糕，并涂上颜色。

（2）讨论分享。

①你最常出现的情绪是什么？

②出现这种情绪的原因是什么？

③持续多长时间？

④这种情绪给你带来哪些影响？

⑤你经常用来表达情绪的方式是什么？

⑥这种表达情绪的方式有什么利弊？

简约点评

感知自己与他人的情绪、表达情绪是人一生都在学习的课题。真实的体验好过讲很多大道理，家长和孩子通过体验不同情境中的情绪，学会情绪的正确表达，能够达到正确关注和表达情绪的效果，进而促进健全人格的形成。

神奇的进化论

设计背景

处于成长阶段的初中生，正承受着生活不断赐予的形形色色的挫折与磨难，而且未来可能会面临更大的失败和打击。如何勇敢地面对磨难，承担起失败带来的种种令人伤心的结果，奋勇走出消极情绪体验，是他们所面对的难题，也是我们应密切关注的课题。帮助学生正确采取应对措施，提高学生的抗挫折能力，有助于促进学生健全人格的形成。

活动目标

1. 帮助学生认识到人生的路上并不是一帆风顺的。
2. 让学生感受面对挫折的不同的状态。
3. 帮助学生以积极的心态看待生活中的挫折。
4. 帮助学生正确采取应对措施，从而提高学生的抗挫折能力，促进学生健全人格的形成。
5. 家长在参与情景体验主题活动的过程中，通过对挫折的体验与感悟而提升素养，同时了解孩子抗挫折能力的素养生成过程，增加亲子互动交流的话题，促进有效沟通和共同成长。

设计思路

本课程先通过热身活动"在一起"调动学生的积极性，并通过两次活动时间的对比帮助学生感悟出不是所有事情都是按照自己的预期去发展的，要共同达到团体目标必须要做出相应的妥协；接着通过"神奇的进化论"活动让学生感受在人生顺境和逆境中的不同体验，告诉学生不管是顺境还是逆境，都要以积极的心态去看待。

活动准备

（一）物资准备

无。

（二）场地准备

宽敞的空地。

活动过程

（一）活动导入——"在一起"

第一轮：①两人互相猜拳，出一样的拳，一起喊"耶"成一队；如果不一样就一直猜到一样为止，一起喊"耶"组成一队。

②两人小组找另外两人小组继续互相猜拳，手势一致一起喊"耶"组成一队，变四人；如果不一样就一直猜到一样为止，一起喊"耶"组成一队。四人变八人，以此类推。

③计算要花多少时间可以完成。

第二轮：重新开始，计算要花多少时间可以完成。

两轮时间对比：为什么第二轮时间会缩短？

（二）主题活动体验——神奇的进化论

1. 活动规则。

（1）全体学生在场地内蹲下，通过猜拳定输赢，展示鸡蛋—小鸡—母鸡—凤凰的进化过程。

①教师示范动作：鸡蛋——蹲下；小鸡——半蹲；母鸡——直立；凤凰——展翅高飞。

②开始大家都是"鸡蛋"，两两猜拳，猜拳赢者成为"小鸡"，输者继续保留"鸡蛋"身份。

③寻找相同级别的人配对，两只"小鸡"进行猜拳，赢者成为"母鸡"，输者降级为"鸡蛋"，两只"母鸡"再进行猜拳，赢者升级为"凤凰"，输者降级为"小鸡"。

④升级为"凤凰"之后，可以作为旁观者退出游戏，也可以找其他"凤凰"继续游戏，但是输者将面临降一级的风险。

（2）注意事项。

①两两猜拳，必须是相同等级之间进行。

②关注长时间处于"鸡蛋"状态的学生，适当给予鼓励。

③以场上学生不同的反应作为分享点。

2．讨论分享。

（1）你在活动中看到了什么？

（2）你在升级和降级时的感受是什么？

（3）这个游戏给你最大的启发是什么？

（4）如果将这个游戏看作是人的一生，你想到了什么？

3．教师小结。

（1）今天的游戏状态就像我们的一生，绝大部分人的人生不会一帆风顺，总会有挫折和坎坷，可是只要不放弃就会有翻身的机会，就有成功的可能。希望大家在遇到挫折的时候，能用积极的心态去看待挫折、战胜挫折。

（2）挫折是把双刃剑。如果在挫折面前胆怯、懦弱、经不起考验、向挫折屈服，其结果只能是被挫折压倒，一蹶不振、意志消沉甚至万念俱灰，这也是最可怕的。如果我们能正确面对挫折，勇敢战胜它，挫折则能磨砺人的意志，使人变得坚强，挫而不折，愈挫愈勇，迸发出巨大的力量，从而创造出有价值的人生。"吃一堑长一智""宝剑锋从磨砺出，梅花香从苦寒来"，就是这个道理。我们应该做的，是掌握战胜挫折的方法，培养承受挫折的健康心理，并且在面对挫折的时候能够迎难而上，积极进取，开拓创新。

（三）活动变化

1．主题活动的变化。

也可以要求达到"凤凰"级别的学生继续参赛，增强活动的竞争性，带来更丰富的情绪体验。

2．其他代替性活动——"蜈蚣竞走"。

（1）分组，每组10～12人，排成一列纵队，面向标志桶排好队。

各小组站在起跑线上，听到口令后，各纵队蹲下，后面的同学双手抓住前面同学的脚踝，由起点出发，步调一致到达终点线，先到达的队胜出。（在行进过程中，必须保持下蹲姿势，手抓紧前面同学的脚踝，不得松开，若松开，则退回起点重新开始。）

（2）注意事项。

①每组选一名学生监督，监督要很严格，犯规的退回起点重新开始，体会遭

受挫折的过程。

②提醒学生注意安全。

③起跑线与终点间的距离要根据学生的年龄段设置，尽量设置中等偏上的难度。

简约点评

俗话说："人生不如意之事十之八九。"可见每个人的人生都不可能是一帆风顺的。遇到挫折的时候，我们面对挫折的态度尤其重要。曾国藩说过："顺境不惰，逆境不馁，以心制镜，万事可成。"通过模拟挫折情境，帮助家长和孩子正确面对挫折，并延伸到提升现实生活中面对挫折的"逆商"。

自我管理

大海营救

📖 设计背景

进入青春期后，由于身体的迅速发育，初中生很快出现了成人的体貌特征。因为这种生理上的变化发生得过于突然，他们在惶惑的同时，自觉或不自觉地将自己的思想从客观世界中抽回了很大一部分，重新指向主观世界，其思想意识再一次进入自我世界，从而引起自我意识的第二次飞跃。其突出表现是，初中生的内心世界越发丰富起来，他们在日常生活和学习中，常常将很多心智用于内省。"我到底是个怎么样的人？""我的特征是什么？""别人喜欢我，还是讨厌我？"等一系列关于"我"的问题开始反复萦绕于他们心中。对学生适时进行自我意识的辅导，引导学生多发现自己与他人的闪光点，使其能正确认识与评估自我和他人，依据自身个性和潜质选择适合的发展方向，有利于帮助学生获得更大的自我发展空间，实现自主发展。

📖 活动目标

1. 通过活动让学生认识到每个人身上都有优势或劣势。
2. 通过活动让学生体验发现他人身上的闪光点带来的愉悦感。
3. 通过活动引导学生学习如何转换对他人的看法，找出对方的闪光点。
4. 通过活动引导学生能正确认识和评估自我，获得更大的自我发展空间，实现自主发展。
5. 家长在参与情景体验主题活动的过程中，获得多种角度看待自己和他人的体验感悟从而提升素养，同时了解孩子对自我的认识，促进自己和孩子的有效沟通和共同成长。

📖 设计思路

在认识自我和他人的过程中，初中生因所处年龄阶段的特点，容易出现"一叶障目，不见泰山"的状况，常因自己或他人身上的一个缺点，而发现不了自己或他人身上的优点。本课程首先通过热身活动"小组之最"帮助学生认识到有时候自己认为未必是优势的，关键时刻也会发挥重要的作用，接着通过"大海营救"活动，帮助学生重新认识自己和他人的优势。

活动准备

（一）物资准备

提前准备好"游客情况表"。

（二）场地准备

可供4～6人小组围坐的空场地。

活动过程

（一）活动导入——"小组之最"

教师提出"之最"，例如"最长"，各组需商量派合适的代表参加。代表出场，教师说出真正的项目，例如"气最长"等，看看哪组获胜。例如：

最高：宿舍最高、裤脚拉得最高。

最短：尾指最短、裤子最短、头发最短。

最长：头发最长、大拇指最长。

最宽：腰围最宽、手掌最宽。

最大：鞋子最大、手掌最大、眼睛最大。

最远：住址最远、离讲台最远。

（二）主题活动体验——"大海营救"

指导语：我们发现，有些平时未必是我们优势的，在关键时刻也可能会对我们有所助益。生活中并不缺少美，而是缺少发现美的眼睛。今天，我们即将迎来一个艰难的挑战，假设你是船长，需要通过你善于发现美的眼睛去营救你的船员。

1. 活动规则。

（1）活动细则。

①想象以下场景：你是一位船长，一天，你载着10位互不相识的游客一起坐

游船出海。当游船行驶到公海的时候，不幸遇到了飓风大浪，游船出现了机械故障，随时都有翻船的危险。就在此时，一艘救援船经过，求生的希望到来了，但是船上有一位很古怪的船长，他一定要作为船长的你说出船上10位游客的3个闪光点才让上船。你作为船长，了解10位游客的大概情况，请找出他们的3个闪光点，抓住求生的希望。

②分组交流，以小组为单位，组内每个成员说出自己发现的闪光点，并和组员交流选择的理由，把内容填入下表：

游客情况表

游客特点	闪光点（上救援船的理由）
1．女，比较自私，不愿与人分享	
2．男，不讲卫生，污秽不堪	
3．女，沉默寡言，没有朋友	
4．男，胆小怕事，喜欢大哭	
5．女，依赖他人，希望得到照顾	
6．男，经常打架，喜欢逞能	
7．男，性格软弱，没有主见	
8．男，过于理性，古板无聊	
9．女，打扮入时，注重物质	
10．男，个性散漫，难以配合	

③小组汇总，全班交流，请一位成员记录组内最新颖、特别的闪光点3~4项，全班再进行交流。

（2）注意事项。

①分组时一般以4~6人一组为宜，建议男女生混合编组，这样可以听到更多不同的意见。

②"游客情况表"中呈现的基本都是负面评价，教师应启发学生发现游客的优点和长处，但没有标准答案，体现的是学生的观念和价值观，需给予学生积极、正向的引导。

③在开展活动时，特别需要注意某些行为，比如爱打人，不良行为还是需要

指正的。

2．讨论分享。

（1）发现他人或自己的闪光点对你来说容易吗？发现的时候心情是轻松的还是沉重的？

（2）你根据什么标准或理由去发现闪光点？

（3）在小组交流中，别人的理由对你有怎样的影响？

（4）将来在评价他人或自己的时候，你会怎样去评价？

3．教师小结。

如果我们常常戴着一副灰色的眼镜看世界，那看到的世界一定是灰蒙蒙的。如果我们用积极的眼光看待同伴和自己，我们会发现更多的闪光点，发现自己更大的潜能。

（三）活动变化

1．主题活动的变化。

可以改为有选择性地登船，例如10人里面选择8人登船，让学生根据每位游客的特点选择哪位游客可以登船，陈述选择的理由是什么。

2．其他代替性活动——"超级转换表"。

大家找出一些对自己不满意的地方，找同组同学帮忙把不满意的地方用积极的眼光进行转换，再进行小组分享。

找出对自己不满意的地方（自己填）	用积极的眼光转换成优势（同学填）

简约点评

"一叶障目，不见泰山"，这是我们在人际评价中常犯的错误。通过创设"大海营救"的解难情境，让家长和学生感受和体验到美在于发现，帮助家长和学生从多个角度发现闪光点，更好地认识自我和他人。

我的个性名片

📖 设计背景

中学生的自我意识正处于形成和趋向定型的阶段，这一阶段是学生自我意识发展的重要转折期，也是人生道路上的又一次"断乳期"，处于这一阶段的学生的自我意识呈现出复杂性、多面性的特点。中学阶段是人生的黄金时期，也是一个人成长道路上的关键阶段，这一阶段中学生自我意识的发展是不平衡的，有年龄差异也有个体差异。通过引导学生自我意识的发展，帮助学生正确认识和评估自己，促进学生的自我管理和提升，促进学生良好的人格品质的形成。

📖 活动目标

1. 让学生在体验中发现每个人都是独一无二的。
2. 引导学生感受换个角度看自己带来的愉悦。
3. 尝试让学生更加客观地认识自己，同时也促进同学之间的了解。
4. 通过活动帮助学生正确认识和评估自己，促进学生的自我管理和提升。
5. 家长和孩子共同参与体验，促进彼此之间的了解，增加亲子互动交流的话题，促进有效沟通和共同成长。

📖 设计思路

初中生的自我意识处于形成阶段，初中生对自己的评价很容易受到外界的影响，也容易不够客观地认识自己。本课程通过"手指操"和"我的个性名片"两个活动，帮助学生发现自己的独特性，尝试更加客观地认识自己、评价自己。

📖 活动准备

（一）物资准备
白纸若干。
（二）场地准备
教室。

活动过程

（一）活动导入——手指操

用手指的变化表示数字1~10，大拇指代表加号"＋"，尾指代表减号"－"，拳头代表等号"＝"，用手指做加法，所有小组一起用手指表示1+1=2，2+1=3，…，9+1=10，10-1=9，9-1=8，…，2-1=1。

给学生3分钟练习时间，练习之后小组推选代表比赛。

（二）主题活动体验——"我的个性名片"

指导语：名片是我们生活中常见的自我介绍的一种方式，通过名片，我们可以让他人迅速了解自己。我们今天要来设计一张属于自己的特别的名片，用于介绍自己。

1. 活动规则。

（1）10分钟内设计一张属于自己的新颖且独特的名片，要求：

①不少于8条个人信息（你最想展示给同学看的）。

②除了文字，还可以使用图案、颜色等多种形式展示。

③设计的名片要保持个人特色，力求最大限度展示自己。

（2）注意事项。

①态度要真诚，实事求是。

②可以使用多媒体展示学生已经做好的名片，给其他学生启发。

③这个活动也适合在新班级组建不久，同学们之间还缺乏了解的时候开展。

2. 讨论分享。

（1）你的名片和其他人的相比有哪些特别之处？

（2）为什么选择这个颜色和这些图案？

（3）你在制作名片的时候有什么新发现？

（4）你希望通过自己的努力，将来在名片中增加什么信息？

3. 教师小结。

台湾文人林清玄说："人生的缺憾，最大的就是和别人比较。和高人比较，使我们自卑；与下人比较，使我们骄傲。外在的比较是我们心灵动荡不能自在的来源，也使大部分人迷失了自我，屏蔽了自己的心灵原有的馨香。"每个人不应该因缺点而怀疑自己，也不要因优点而轻视他人。每个人都是这个世界上独一无二的存在。

（三）活动变化

1. 主题活动的变化。

名片可以用一棵树来设计，树干代表自己主要的特征，枝干代表自己的兴趣、爱好等。

2. 其他代替性活动——"我的自画像"。

请同学们每人拿出一张纸，让同学们根据自己的意愿，用任意形式来画出自己，抽象的、形象的、写实的、动物、植物，什么都可以，也可以用不同的颜色来代表，要把心目中最能代表自己的东西画出来。

画完之后，请同学上台介绍自己的画，做出解释并答疑。

简约点评

每个人都是独一无二的。通过体验活动，家长和孩子能意识到每个人都是独特的，都有自己的优势和劣势，并能在了解自己的基础上更好地发挥自身优势。

第十一章 责任担当感悟

社会责任

我与父母的九宫格故事

设计背景

小学高年级开始，学生自我意识逐渐增强，初中阶段是自我意识发展的一个高峰期。此阶段的学生，在父母对他们学业的期望、行为的管制下，期望能得到更多的自由空间，这一矛盾假如没有得到有效应对，可能会产生亲子沟通危机，不利于保持和谐家庭环境。只有加强亲子间的有效沟通，才能避免这一矛盾，促进学生心理健康发展，培养出正确的家庭责任观和社会责任观。

活动目标

1. 唤醒学生与父母相处的核心记忆。
2. 引导学生感受亲情，增强感恩意识。
3. 让学生尝试理解父母的行为和选择背后的动机，促进亲子关系良性发展。
4. 通过九宫格故事绘画回忆活动，唤起孩子感恩父母、孝亲敬长的社会责任意识。
5. 家长在参与情景体验主题活动的过程中，获得积极的体验感悟并提升家教素养，同时了解孩子的内心世界，加强亲子沟通，促进共同成长。

设计思路

青少年与父母的依恋关系，是家庭得以维系的重要纽带，也是促使青少年更好地与社会交流、与同伴对话的情感纽带。在亲子关系和谐、家庭关系亲密的环境中成长的青少年，更易于与同伴发展出健康、和谐的关系，从而获得良好的社会适应能力。然而对于刚迈入青春期的初中生，他们正处于依恋对象由父母转向同伴阶段，青少年与父母的依恋关系出现危机，孩子与家长容易因为各种问题产生矛盾，这些都可能影响青少年日后的发展。本课通过故事回忆和讲述，引导学生感恩父母，主动为父母做一些力所能及的事情，孝亲敬长，重塑亲子依恋关系。

📖 **活动准备**

（一）物资准备

A4白纸、颜色笔（学生自备）、放松音乐、多媒体课件。

（二）场地准备

教室。

📖 **活动过程**

（一）活动导入——我爱我家

让学生提前准备一张有情境的照片，教师将照片做成PPT，在上课时给学生展示，先让学生猜这是哪一个同学，接着让该同学上台介绍照片背后的故事。

（二）主题活动体验

指导语：每个人都有与家人生活的幸福点滴，有些记录在照片上，而有些存在于我们的记忆中，现在请你闭眼回忆一下，你对哪些事件的记忆是最深刻的，请把它们记录在九宫格当中。

1. 活动规则。

（1）把白纸折成3×3（9格），并在右下角标上序号（见下图）。

1	2	3
8	9	4
7	6	5

（2）学生听着放松音乐，闭眼，回忆过去11～12年中与父母相处的点滴。

（3）把自己印象最深刻的事件按照编号顺序依次画在九宫格内，并涂上颜色（教师鼓励学生尽量完成九宫格图）。

（4）与组内成员分享自己与父母的九宫格故事。

2. 讨论分享。

（1）九宫格图中，你印象最深的是哪一幅？能跟大家分享一下其中的故事吗？

（2）你有与父母发生矛盾的经历吗？当时的情绪是怎样的？

（3）当你看着九宫格图中父母的时候，过去的埋怨还重要吗？

（4）父母终将老去，我们从今天起，可以为他们做一些什么事情？

3. 教师小结。

（1）俗话说"养儿一百岁，长忧九十九"，这是对天下每一对父母的写照。然而在我们还小的时候，我们容易因为自己与父母对事物的看法不同而与父母发生冲突，当怒火蒙蔽了双眼，我们可能会做出一些伤害到他们的事情。此时，不妨停下前行的脚步，想想过去你们相处的时光，想想他们的出发点，也许，原来的冲突就微不足道了。

（2）"子欲养而亲不待"，切勿等到父母已经享受不到你的关爱时，你才记得身后两鬓斑白的双亲。从今天起，我们可以为他们做一些力所能及的事情，感恩父母，表达谢意。

（三）活动变化

1. 主题活动的变化。

热身活动：欣赏沙画MV《时间都去哪儿了》。

该MV通过沙画的形式，呈现了母亲从孩子出生到孩子老去的人生过程中的行为状态变化，最后一幕更是表达了子女们"子欲养而亲不待"的无奈。这对学生心灵触动较大，能为九宫格活动做好感情铺垫。

2. 其他代替性活动——"亲子天平"。

指导语：在我们成长的历程中，父母不仅赋予我们生命，还给予我们无私的关爱与呵护。而我们，又曾给予过父母何种感动呢？

规则：每人发一张印有"亲子天平"的卡片，请学生们在卡片的两侧分别写出"父母为我做的事"和"我为父母做的事"。请学生审视亲子天平是否平衡，分享各自的感受。

简约点评

创设情境，让学生重温生活中感人的瞬间，感受父母的无私付出。家长和学生感动其中，从中意识到彼此关爱包容、积极沟通的重要性，从而为健康、顺畅的亲子沟通奠定基础。

做优点感知者

设计背景

马斯洛在需要层次理论中提到要想在一个不完善的、充满矛盾与冲突的自我层面，建立一个令自己满意的、趋于完善的自我，必须经过三个环节，即自我认识—自我接纳—自我改变。在学生发展核心素养的内涵中，社会责任很重要的一点就是宽以待人、对自我和他人负责，这需要学生加强自我认识，要对自我的各层面都有一个较为客观的认识，主要包括认识自身的优点和缺点。中学生可以根据别人对自己的态度与评价来认识自己，他人的评价可以为认识自己奠定基础，中学生还可以通过提高对自我的认识履行应尽的社会责任。

活动目标

1. 通过活动，学生能够认识到感知自己和他人的优点是很重要的。
2. 学生通过同学间相互的赞美，感受被他人认可的快乐。
3. 通过活动，学生能够以健康心态面对人生，迎接挑战。
4. 学生在活动中通过被赞赏，更全面地认知自身优点，更好地履行自己应尽的社会责任。
5. 家长和孩子共同体验获得赞美的过程，从而获得感悟，尝试从多个角度看待自己，增加亲子互动交流的话题，促进有效沟通和共同成长。

设计思路

积极心理学的出现，提醒大家要多关注个体积极的一面，即使遇到个体负面的问题和情绪，也要进行正向的转化，从而获得积极的心理意义，逐渐形成积极的心智模式。本课程首先通过"雨点变奏曲"活动激发学生兴趣，使他们集中注意力，接着通过"做优点感知者"活动，促使学生关注自己和他人积极的方面，帮助学生更好地了解自己和他人。

活动准备

（一）物资准备

便签，收纳盒，笔。

（二）场地准备

可供分组围坐的室内场地。

活动过程

（一）活动导入——"雨点变奏曲"

1. 活动规则。

等会儿大家会听到一个故事，当故事说到"起风"的时候，请大家做擦掌的动作；说到"雷声"的时候，请大家做跺脚的动作；说到"小雨"时，请大家做打响指的动作；说到"中雨"时，请大家做拍大腿的动作；说到"暴雨"时，请大家做鼓掌加跺脚的动作。

2. 故事内容。

周末放假了，我们全家一起出外游玩，好惬意啊！突然，起了一阵风，乌云密布，一道闪电划过，雷声轰隆，又一阵狂风，又一阵雷声，小雨噼噼啪啪地下了起来，行人慌忙躲避。很快地，小雨变成了中雨……变成了大雨……又一阵雷声，暴风雨来啦！又是一阵雷声，大雨倾盆，雨渐渐变小了，变成中雨，变成小雨……一阵又一阵雷声，大雨又降临了！但仅仅一会儿，雨过天晴啦！

（二）主题活动体验——"做优点感知者"

指导语：我们成为同学，是一种缘分。大部分同学都会相伴奋斗三年，我们在相处的过程中，可能很多时候都想赞美别人，但是都没有找到恰当的机会，今天我们要来尝试一下把我们真诚的赞美送给我们想赞美的人。

1. 活动规则。

（1）活动细则。

将对别人的赞美写在纸上，然后折好，称之为"糖衣炮弹"。完成后把"糖衣炮弹"送给被赞美的人，对他人的赞美可以是表面的，也可以是深层次的。为了避免失误，"糖衣炮弹"上必须写上你要赞美的人的名字。

（2）注意事项。

活动过程中所有学生都必须本着真诚的态度，认真参与，严禁愚弄他人。写赞美时，必须保持安静，不得相互谈论。给别人投递"糖衣炮弹"时应该有动作和眼神的交流。

2. 讨论分享。

（1）投出"糖衣炮弹"时，你的心情如何？

（2）收到"糖衣炮弹"时，你的心情如何？

（3）你的"糖衣炮弹"送完了吗？如果没有送完，可以在小组讨论时口头送出。在以后集体生活中遇到类似的场景，你会怎么做？

3. 教师小结。

正确感知自己的优点，是认识自我的一个重要方面；感知他人的优点，是人际关系的有力辅助。希望同学们可以正确感知自己和他人的优点，发挥自身优势，欣赏他人优势，宽以待人，对自己和他人负责，履行应尽的社会责任。

（三）活动变化

1. 主题活动的变化。

"糖衣炮弹"可以以纸条的形式呈现，也可以通过口头的形式表达，或制作一顶被称为"高帽"的帽子，小组成员轮流戴上，其他同学分别说出戴"高帽"的同学的优点。

2. 其他代替性活动——"我的水果树"。

活动规则：

（1）给每位学生发放一张A4纸大小的白纸和水果形状的卡片，请大家在白纸上画一棵水果树，然后在水果形状的卡片上写下自己的优点，写完后贴到水果树上。

（2）完成后，小组所有成员围成一个圆圈，请一位参与分享的同学站在圆圈中央，展示自己的水果树，并说出水果代表自己的哪些优点。

（3）小组成员向圆圈中央的同学"赠送水果"，即说出该同学的优点，并把写有该同学优点的"水果"贴到他的水果树上去。

（4）收到"水果"的同学，要对送自己"水果"的同学表达感谢。

（5）让尽可能多的同学轮流站到圆圈中央。

简约点评

只有内在的积极力量得到培育和增强，人性中的消极因素才能被抑制。正如英国威灵顿公学谢尔顿校长所说："任何学校最重要的任务就是培养具有幸福感和安全感的男女。"家庭作为孩子的第一所学校，对培养孩子的内在积极力量有极其重要的作用。家长和孩子通过感知自身优势这个过程，挖掘内在积极力量，促进良好自我认知的形成，也促进正确的社会责任意识的形成。

国家认同

不同的一天

设计背景

国家认同是一个国家的公民对自己归属哪个国家的认知以及对这个国家的构成，如政治、文化、族群等要素的评价和情感，是族群认同和文化认同的升华。民族自豪感是国家认同的重要因素，是指对本民族的历史文化、传统精神、价值取向、现实状况、未来发展等表示高度认同、充满信心和乐观主义精神的情感。中国各行各业都发展迅猛，但是由于受外国文化以及商品市场冲击，现今有的孩子喜过洋节，却认为传统节日可有可无；有的孩子钟爱国外品牌，对于国内知名品牌却嗤之以鼻。如果孩子不理解国家文化的内涵，不接受国家进步带来的改变，这对于凝聚民族、团结国家而言，是致命的。因此，在学校教育中，增强学生的民族自豪感，促进其对国家的认同，加强其对国家历史、文化、政策的理解，相当重要。

活动目标

1. 使学生认识到只有国家的强大、国家的发展才能让我们过上幸福的生活，增强学生国家认同感和民族自豪感。

2. 通过活动让学生更好地体会到我们生活在最好的年代的这种幸福感。

3. 通过剧本演绎，让学生了解中国不同年代的生活现状和特点，理解只有国家强大、民族自强，我们才能有更好的生活，从而增强国家认同感。

4. 家长和学生共同体验其中，通过体验感悟产生民族自豪感，促进对国家的认同。

设计思路

在普通的教学过程中，很多知识单纯靠老师讲解是根本无法获得的，角色扮演可以使老师运用表演、游戏等多种多样的教学体验方法，将生活中具有典型意义的情景引入课题，学生通过角色扮演去亲身体验，便会自然而然地被其中的情景吸引并引发真情实感。本活动设计让学生在角色扮演的过程中，了解中国不同年代的生活情景，了解更多不同年代间的区别，了解更多现代便捷的生活方式，进而增强民族自豪感和国家认同感。

活动准备

（一）物资准备

无。

（二）场地准备

室内。

活动过程

（一）活动导入——"比一比"

组间两两比赛，每组先派出一位他们认为会赢对方小组的同学，老师再说比什么，统计每轮比赛的输赢方即可。（这个游戏就是越不会被大家猜中的越有趣！）

题目例子：

比长：手臂、上衣、头发……

比短：手指头、裤子或裙子……

比高：声调、手抬起来的高度……

比大：眼睛、手掌……

比多：身上的饰物、穿的衣服、身上的扣子……

（二）主题体验活动——"不同的一天"

指导语：中国是个文明古国，古有驰名中外的四大发明，今有世人赞叹的"新四大发明"。今天我们就来感受一下现代中国人的生活，了解科技给我们的生活带来的巨大影响。

1. 活动规则。

（1）小组通过心理剧的方式，表演清末的一天和现在的一天的生活。

（2）情景如下：①小明生活在清朝末年的北平，他有个亲戚生活在距离北平均130公里的天津,有一天,家里有喜事,需要小明通知在天津生活的亲戚,他会如何去通知?请模拟当时的生活场景并表演出来。

②小李生活在现代的北京,他有个亲戚生活在距离北京约130公里的天津,有一天,家里有喜事,需要小李通知在天津生活的亲戚,他会如何去通知?请模拟现在的生活场景并表演出来。

(3)分组讨论并通过心理剧的方式表演出来,一半小组表演场景①,一半小组表演场景②,重点突出年代特征。每组的表演时间为3分钟。

(4)小组互评,选出最佳剧本奖和最佳表演奖。

2. 讨论分享。

(1)在从设计剧本到完成表演的过程中,你们是如何确定分工的?

(2)过程中有遇到困难吗?如何解决的?当时感受怎样?

(3)你发现两个年代之间有什么不一样?

(4)你如何看待现在的生活?

3. 教师小结。

(1)国家的进步最终体现到我们身上是生活的良性改变,例如出行的便利、通信的便利……足不出户可以解决很多以往不能想象的事情。

(2)2017年5月,来自"一带一路"沿线的20国青年评选出了中国的"新四大发明":高铁、扫码支付、共享单车和网购。其他国家青年最想带回自己国家的"新四大发明"是我们日常生活中可能每天都在使用的,如果没有国家的强大,没有国家的发展,我们的生活就不可能这样便利。

(3)曾经,我们国家各方面都领先于世界,鸦片战争后,世界局面发生巨变,然而落后是短暂的,虽然我们可能还有些方面不如别人,但是只要我们热爱自己的国家,热爱自己国家的文化和历史,用欣赏、接纳的目光看待自己的国家,愿意为国家的发展做出积极的贡献,我们的国家必将更加强大。

(三)活动变化

1. 主题活动的变化。

除了对比不同年代的一天,也可以对比不同国家的一天、不同年龄的一天等。

2. 其他代替性活动——"照片传情"。

学生回家收集以前到现在的一些具有代表性的照片,从爷爷奶奶那一辈开始收集，重点突出当时的环境、个人服饰、生活方式、生活场景等，拍照制作成PPT，然后上台介绍。

简约点评

"潜龙腾渊，鳞爪飞扬。乳虎啸谷，百兽震惶"，梁启超曾在《少年中国说》中寄托对青年人的希望。对国家的认同是需要在体验学习中获得的，家长和学生通过情景体验，加深了对国家发展的了解，有利于提升核心素养。

四大发明

设计背景

学生作为一个国家公民，对祖国认知、情感认同、国民身份的自豪感是我们培养学生爱国主义精神的重点。我国是有几千年历史的文明古国，中国的四大发明对中国古代的政治、经济、文化的发展产生了巨大的推动作用，而且这些发明经由各种途径传至西方，对世界文明发展史也产生了很大的影响。本活动设计旨在通过加深学生对四大发明的了解，使学生了解中国文化对世界的发展和人类生活做出的巨大贡献，从中感受我国劳动人民的聪明智慧和无穷创造力，激发学生对祖国文化的兴趣，激发学生的民族自豪感和文化认同感。

活动目标

1. 考查学生对中国古代四大发明的认识与了解。
2. 让学生了解在人类历史的发展进程中，我们祖先创造的灿烂文化和在科学技术方面取得的非凡成就，从而引起其对国家文化历史的关注。
3. 通过活动提升学生的承担意识和社会责任感。
4. 激发学生对祖国文化的兴趣，激发学生的民族自豪感和文化认同感。
5. 家长在参与情景体验主题活动的过程中，获得国家文化体验感悟而提升素养，同时了解孩子文化认同素养的生成过程，增加亲子互动交流的话题，促进有效沟通和共同成长。

设计思路

根据初中生对中国古代四大发明的了解程度，小组成员集思广益，对四大发明的演变和运用进行更深入的研究，并将其以文字或图画的方式表达出来。同时，由于初中生竞争意识强烈，因此活动以分组竞赛的形式进行。通过对四大发明的深入研究，加强学生对国家文化的关注，加深学生对祖国的了解及认同。

活动准备

（一）物资准备

大白纸、彩笔，提前一周将学生分成4组，分别为印刷术组、火药组、造纸术组和指南针组，分头去找资料（产生的过程、影响、使用的领域、在现实生活中的延伸）。

（二）场地准备

教室或其他室内空场地。

活动过程

（一）视频导入

播放电影《长城》片段。（有两名外国人不远千里来到中国长城，费劲心思想盗得黑火药。）

思考：为什么这两名外国人大费周章来中国盗取火药？

（二）主题活动体验

指导语：同学们，在古代，我国的科学技术在许多方面居于世界的前列，印刷术、指南针、火药和造纸术，是我国古代的四大发明，是我国成为文明古国的标志之一。这四种发明对中国古代的政治、经济、文化的发展产生了巨大的推动作用，且这些发明经由各种途径传至西方，对世界文明发展史也产生了很大的影响。我们今天就要一起来深入了解一下中国古代的四大发明。

1. 活动规则。

（1）根据上周的分组任务，每组进行讨论：四大发明产生的过程、影响、使用的领域、在现在生活中的延伸；用简图+文字的方式把讨论的成果呈现出来（10分钟）。

（2）每组用彩笔和白纸呈现（10分钟）。

（3）小组展示，每组派代表介绍小组研究的成果。

（4）每组同学给除了自己组以外的其他组打分，统计计分结果。

2. 讨论分享。

（1）你对自己刚才的表现满意吗？为什么？

（2）在整个活动中你的感受是怎样的？

（3）在刚才的讨论、展示中，你有何发现？

（4）你认为在对祖国的了解方面自己还需要做些什么努力？

3. 教师小结。

活动结束后，大家觉得自己对祖国的了解是多还是少？有时候即使是我们耳熟能详的四大发明，真要深入说起来，似乎也还有很多需要我们继续探究的。对祖国的文化历史、地理山河的了解很重要，它不仅体现在我们日常的谈吐、素养中，更多的是让我们在拥有丰富知识储备的同时能紧跟时代的步伐，提升自己的社会竞争力。一个公民如果对自己祖国的历史、文化不了解，那何谈去热爱、去宣传。当今的中国已经是大国崛起，我们站在世界的舞台上需要更多的国民去为祖国代言，我们作为初中生，未来是要为祖国富强、繁荣承担责任的。那我们如何去丰富自己的知识储备、拓宽自己的国际视野，以便让自己更有责任担当呢？

（三）活动变化

1. 主题活动的变化。

可以依据学生的知识储备情况，对中国名建筑、古代名人、国粹等内容进行更换。

2. 其他代替性活动——"我是小导游"。

一周后有一个来自美国的初中生旅游团来中国，他们希望能了解中国有名的历史景点。假如你是一名小导游，你到时会怎样给他们安排5天的行程并介绍景点呢？

全班分成6组，制订一个5天的历史景点游览行程和介绍清单。

分享要点：你在制订行程和介绍的过程中最大的困难是什么？怎么解决的？你在这个过程中学会了什么之前不了解的内容？你认为在对祖国的了解方面自己还需要做些什么努力？

简约点评

文明需要传承，国家认同需要培养。时移世易，我们依然会拥有一代代被时代赋予了鲜明个性的爱国青年，"虽千万人，吾往矣"的赤子之心依然会被传承，国家幸甚，民族幸甚。

国际理解

共绘地球村

设计背景

全球化表现为全球联系不断加强，人类在全球化的基础上发展及全球意识的崛起，是人类社会发展的必然趋势。自20世纪90年代以来，随着全球化的深入发展和影响日益广泛，全球化已逐渐引起各国政治、教育、社会及文化等领域的重视。全球化趋势在给我国带来机遇的同时，也不可避免地带来了挑战，基于此，我国急需培养和储备国际化人才。

活动目标

1. 使学生认识到事物间都存在关联性，全球化是国家关联性日趋紧密的结果。
2. 引导学生理解、接纳、包容人或事物存在的个性特点。
3. 引导学生树立全球意识观，主动开阔视野，接受新鲜事物。
4. 通过"共绘地球村"活动，学生能理解全球化进程的特点，能以开放的心态看待全球化带来的变化，发展全球视野和世界胸怀。
5. 家长在参与情景体验主题活动的过程中，感受全球化趋势，提升国际理解的素养，同时了解孩子国际视野的素养生成过程，增加亲子互动交流的话题，促进有效沟通和共同成长。

设计思路

初中生处于思维逻辑发展的高速期，思维接受性强、可塑性大。本课程旨在通过"共绘地球村"活动，让学生理解个体存在的关联性，它们既是独立的，也是相互作用、相互影响的。正如国际全球化趋势，假如只看着门前的一亩三分地，终将被全球化淘汰。因此，要树立全球意识观、大局观，以开放的心态主动了解事物的联系和国际的变化，开拓全球视野，以成为国际化人才为自我发展的目标。

活动准备

（一）物资准备

每组一张用A3纸打印好的世界地图（白底无颜色），彩笔每组1份，计时器，气球，按铃。

（二）场地准备

教室或室外。

活动过程

（一）视频导入

播放视频《外国人刚来中国和外国人在中国很久》，总结出文化差异在逐渐弱化。

（二）主题活动体验

指导语：我们之所以有现在的生活，都依赖于地球，地球不仅为人类世代繁衍提供了场所，还无私地奉献了她可提供给我们的一切，并且是目前太阳系里发现的唯一的宜居星球。在你们的心目中，地球是怎么样的呢？让我们带着问题，完成下面的任务。

1．活动流程。

（1）要求每组成员在空白的世界地图上用彩笔涂出心目中的地球的颜色，活动开始前有3分钟时间构思。

（2）活动开始，每小组以纵队形式在白纸上绘画，每人10秒，铃响换人，画过的人接着去队伍后面排队，直到世界地图被填满，过程中不允许交流。

（3）小组介绍作品。

2．讨论分享。

（1）小组涂出的地球颜色跟你们想象中的是否一样？

（2）是什么导致想象与事实的差异？

（3）你如何理解事物之间存在的关联性？

（4）活动带给你什么启发？

3．教师小结。

（1）虽然我们一开始都有共同的地球蓝图，但是实际操作过后，结果可能会跟我们预设的有差距。这是因为每个人都是独立的个体，在绘制的过程中会做出不同的选择，然而每一个独立个体的思想，在相互作用下，又会形成一个新的整体，这就是事物存在的关联性。

（2）我们现在处于一个空前的全球化进程中，国家间的联系日益紧密，相互影响也越来越大，如我国的油价会受到中东国家油品产量的影响，新西兰的牛患上疯牛症会导致全球牛肉制品销售紧张。全球化为我们将来的发展创造了更多的机遇和空间，同时也提高了对我们学习的要求，我们的意识不能总是停留在眼前，我们应该多关注身边的事物、国际形势的变化，具备全球化意识和开放的心态。

（三）活动变化

1. 主题活动的变化。

问题导入：外国人在中国住久了会变成什么样？

有趣回答参考：20世纪80年代初，外国人在中国街头绝对是"稀罕之物"，以至于曾经有"禁止围观外国人"的说法。现在，飞速发展的中国充满吸引力，你无法想象外国人对中国有多么着迷。他们从最初的不适，到逐渐习惯，再到最后喜欢上中国甚至离不开中国，这个潜移默化的过程，是一种非常奇特的体验。

外国人从小喝凉水长大，到了中国，在饭店吃饭，服务员首先端上来的是一壶热水，大多数外国人见到这情形都目瞪口呆。"这么烫能喝吗？"久而久之习惯了之后，外国人会发现，这玩意儿是万能的。放弃了冰水的外国人，回到祖国，给朋友们开的"药方"全是喝热水。感冒，喝热水；疲倦，喝热水。他们如数家珍般地说着热水的好处。道行深一点的外国人，能分辨各种食物的冷热属性，研究茶道和五行。有人说，如果一个外国人买了一套中式茶具，这表明他已经开始了中国文化的进阶之路。

道行再深一点的外国人，能在买菜时讲价。他们穿梭在拥挤的农贸市场，跟菜贩子们讨价还价，为了一毛钱的差价货比三家。入乡随俗的外国人，讲价的套路比当地人还溜。

在中国住的时间越长，外国人就越觉得自己离不开中国。任何事情一个手机都能搞定，快递送到家门口，这种舒适感让他们流连忘返。他们在网上分享自己的生活经验，把"Lonely Planet"翻烂了然后觉得里面写得都不够到位。

完成了生活历练，外国人会变成"特中式"的外国人。他们在大排档吃烧烤，喝啤酒，认为自己是一个特懂中国的"高级"外国人。

2．其他代替性活动——"地球上下两千年"。

（1）活动规则。

每组选择一个剧目（尽量每个剧目都有组选择），在规定时间内设计好剧本（教师提供相关参考资料，介绍不同时代中外民众一天的生活）、分配好角色、熟悉剧情并排练，每个剧目演出限时5分钟，要求每人都要参与。

可选剧目：

①《古代的一天》（中外各一）。

②《近代的一天》（中外各一）。

③《现代的一天》（中外各一）。

（2）剧目演出。

（3）讨论分享。

①不同年代人们的生活最大的区别是什么？是什么造成了这种结果？

②中外同时代民众生活有什么共同点？

简约点评

21世纪的一个重要特征就是全球化。家长和学生树立全球意识观、大局观，以开放的心态主动了解事物的联系和国际的变化非常重要。家长和学生参与体验活动，有利于培养国际视野，提升国际理解素养。

神秘礼物

📖 设计背景

世界是多元的，从大的方面看，不同国家、民族、文化之间存在差异；从小的角度说，个体的个性、兴趣、爱好也存在差异。尊重差异倡导每个人都是独一无二的，很多问题的答案并不只有一个，在解决问题时不同的观点尤其重要。初中生要学会如何在生活中承认多样性的存在，并尊重这些差异，从而尊重不同民族、个人的习惯，营造和谐、包容的文化和人际环境。同时需要对他者的尊重，对多元文化、多元价值的理解，悦纳差异性和独特性的存在，养成对不同文化、不同情感的理解、尊重和宽容态度，提升对环境的适应能力。尤其是在信息高速发展的今天，世界各国之间的交流、合作更加密集，要让学生具有全球意识、开放心态，并能以彼此尊重差异的价值观来积极参与跨文化交流，提高社会参与度。

📖 活动目标

1. 让学生认识到人和人之间是存在差异的，国家和国家之间也存在差异性。
2. 帮助学生尝试着多从不同的角度看待同一个问题。
3. 让学生在体验中认识到差异如何成为值得欣然接受并有利的财富。
4. 引导学生以开放的心态尊重多元文化的多样性和差异性，促进其全球意识的形成，鼓励学生积极参与跨文化交流，提升学生的国际理解能力。

📖 设计思路

本课程以"我们不一样"为热身活动，引出人际差异，隐喻世界的多元化。在主题体验活动中，采用"神秘礼物"活动，让学生通过对事物的一点了解去想象、完善这一事物，在这个过程中加深学生对差异的理解，从而延伸到理解国际之间的文化差异。

活动准备

（一）物资准备

枕套1个，两张海报纸，彩笔，一个不常见的物品（例如"四不像"的动物玩偶或容易压扁、杂色、形状特别的球）。

（二）场地准备

室内空场地。

活动过程

（一）活动导入——"我们不一样"

随机分4人一组，每位同学要找到自己和另外3位组员不一样的5个方面，这5个方面可以是外貌、性格、家庭、爱好等。

讨论：你之前有发现自己有那么多和别人不一样的地方吗？

（二）主题活动体验——"神秘礼物"

指导语：世界是多样的，刚才小组4个人在一起，会发现每个人都有和他人很不一样的地方，你们的感觉如何？有多少同学在活动之前认为自己很普通，和其他同学没什么两样？又有多少同学在日常生活中觉得要解决一个难题只有一条正确途径？接下来，我们要进行一个活动，让大家看到对待同一件事情，我们可以有多种不同的方法。

1. 活动规则。

（1）将全班分为两组，一组在室内活动，另一组在室外，让两组分开。

（2）将"神秘礼物"拿给第一组（放在密封的袋子里），邀请每个人伸手到袋子里触摸几秒钟，不要让任何小组成员看到礼物。请小组头脑风暴，用形容词描述这个物品，记录在海报上，最后根据这些词语画出一幅图画。完成后，老师拿走"神秘礼物"。

（3）老师把"神秘礼物"带到第二组，把它从袋子里拿出来，小心地放在桌子上，让全组人看到，组里任何人不得触摸它，展示15秒后拿走，请大家头脑风暴，用形容词描述这个物品，记录在海报上，画出图画。

（4）把两组同学召集到一起，每组派代表读出自己的清单内容，把两张海报放在一起。

2．讨论分享。

（1）你们认为两组描述的是同一件物品吗？为什么会存在如此多的不同？

（2）两种描述基于不同的经验（摸和看），联系实际生活，我们为何对同一事物有不同的体验？差异源自哪里？如何看待这种差异？

（3）你能从哪些方面说说中国和其他国家的差异？

（4）你们是怎么看待人与人之间、国家与国家之间的差异的？

3．教师小结。

我们会看到，人和人之间存在很大差异，这些差异会让我们对事物的看法不一样，但这并不影响我们的相处，反而会让我们有了新的看问题的角度，拓宽了视野，当我们固执地认为只有自己认为对的才是好的时，我们就失去了了解更美好的世界的机会。世界之大，想法之多，差异之广，世界上存在着很多值得我们进一步了解和探索的未知。接纳差异的存在、尊重彼此的差异会为我们打开更广阔的天地。

（三）活动变化

1．主题活动的变化。

在"神秘礼物"的体验活动中，也可以选择不同的水果、物品等。同样也会让大家感受到每个人的喜好差异。

2．其他代替性活动——"你想成为哪一种动物？"

（1）活动规则。

①教师在教室的四周放置四种不同的动物（老鹰、狮子、变色龙、乌龟），提前把制作好的海报放在动物的旁边。

②选择一种动物，教师提问："如果你可以选择成为一种动物度过一天，你会选择哪一种呢？"（呈现四种动物给大家选择）请同学在心里选择好这个动物。

③所有同学在心里做好选择后，请大家迅速地站到所选择的动物旁边。

④各小组讨论完成海报内容。（其他组相应改变动物名称。）

为什么我们要成为 ＿＿＿＿（变色龙）		
为什么我们不想成为		
狮子	老鹰	乌龟

（2）讨论分享。

每个组派代表站到前面向大家展示海报内容，并读出清单。在刚才的分享中你注意到了什么？当听到关于自己所选动物的负面评价时你的感受如何？想法是什么？如果我们每个人选的动物都一样，那班会课会是什么样子？有什么好处？有什么坏处？如果把它和我们自己、班级联系起来，会给你什么启发？我们如何能更理解让我们不舒服的差异，从而让我们接受彼此，共同合作？

简约点评

世界文化多元而精彩，不同的角度有不同的理解，从多个角度去理解事物才能更全面。家长和孩子在体验的过程中，能有效加深对多元文化、多元价值的理解，悦纳差异性和独特性的存在，提升国际理解素养。

第十二章 实践创新体验

劳动意识

"华山论剑"

设计背景

劳动在学生的全面发展中有着重要意义。俄国教育家乌申斯基说过:"教育不但应当培养学生对劳动的尊敬和热爱,它还必须培养学生劳动的习惯。"学生适当地做自己力所能及的家务是可以锻炼自己的,不仅有助于提高自己的自理能力,还有助于自己以后的发展。

活动目标

1. 让学生认识到自己做家务的能力水平。
2. 让学生产生主动多做家务的意愿,感受到完成家务事带来的成就感。
3. 使学生能主动承担在家庭、学校的劳动责任,促进人格完善。
4. 通过"华山论剑:家务高手擂台赛"活动,让学生在竞争中发现能产生优越感的又一亮点,有改进家务技能、乐意承担责任的良好劳动意识。

设计思路

阿德勒认为,每个人身上的自卑和追求优越都是密切相关的,人之所以追求优越,是因为感到自卑,力图通过追求富有成就的目标来克服这种自卑感。大多数学生在追求优越感时,最直接的方式就是通过考试分出优劣,时间一长容易转化成压力,不利于正常发展。本课程通过家务能手的"华山论剑",让学生人人参与劳动获得优越感,优越感使他们获得成就感与快乐,并让他们愿意学习劳动技能,积极主动参与劳动,树立良好的劳动意识。

活动准备

(一)物资准备

脸盆两个,衣服若干,扫把、拖把等家务劳动工具,多媒体课件,"高手卡"。

（二）场地准备

室内。

活动过程

（一）活动导入——"一般家务我能干"

指导语：陈奶奶是孤寡老人，她年纪很大了，手脚不怎么利索，平时都是社工过来帮忙做家务的，不过社工这个星期请假了，你们可以帮她做家务吗？

活动规则：

1. 老师依次提出要做的家务，比如扫地，愿意帮忙的同学举手，老师随机让一个同学承担该项家务。

2. 可做家务类型包括洗衣服、扫地、拖地、叠衣服等，在结束之前，再问学生，我们还能为陈奶奶做什么？

（二）主题活动体验——"华山论剑：家务高手擂台赛"

指导语：同学们刚才都展示了丰富的家务技能，都是做家务的高手，既然我们这里有这么多家务高手，那我们不妨来一场"华山论剑"，比一比，在某个家务领域，谁才是高手中的高手。

1. 活动流程。

（1）老师下发"高手卡"，学生拿到一张或者多张"高手卡"之后，在上面填上完整句式：在家里，我是_____高手，擅长_____。其中擅长处填写的是具体做法，如"在家里，我是扫地的高手，擅长把地面扫得干干净净，不放过地上一粒灰尘。"

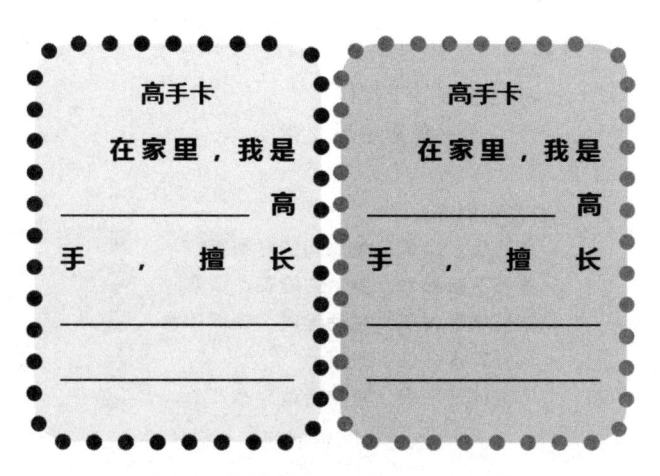

高手卡 在家里，我是 _____高 手，擅长 _____ _____	高手卡 在家里，我是 _____高 手，擅长 _____ _____

（2）老师："谁要当擂主？"让学生主动上擂台，亮出"高手卡"，并且说出或者展示"高手卡"内容，允许同样的高手依次上台亮出自己的"高手卡"挑战，最终让其他学生选出某项家务的"高高手"。

（3）下一项家务比拼。

（4）注意事项：把握课堂时间，可以用几项预设的家务比拼内容进行展示；也可以老师直接说出某项家务技能，让具备同样"高手卡"的学生上台"比武"。

2．讨论分享。

（1）能把你会做的家务列出来吗？

（2）你最欣赏哪个同学展示的家务技能？为什么？

（3）你认为怎样能成为某种家务的高手，如扫地高手？

（4）你愿意多尝试挑战不同的家务任务，让自己成为多方面的高手吗？

3．教师小结。

（1）老师很欣慰，同学们都或多或少具备家务劳动的技能。在家庭里，家务劳动不是大人的专属，这是每一个家庭成员都应该承担的责任，你们有一个好的开始，老师也相信你们可以坚持下去。

（2）有一些同学还能把家务事做得特别好，成为某一领域的"高高手"，老师相信你们平时一定是善于思考、勤于劳动的孩子。

（3）做一件事情不难，要做好一件事情，那就需要手脑并用，多做、多想、多改进。让我们把这种意识带到我们的生活中，不妨从今天就开始尝试体验更多做家务的乐趣。

（三）活动变化

1．主题活动的变化。

热身活动变化——家庭小帮手调查。

我是家庭小帮手

家庭小调查：
- 会洗碗、择菜，是妈妈的好帮手。
- 爸妈下班回来，为他们端茶、按摩。
- 家里来客人了，主动问候，热情招待。
- 自己整理书包、房间。
- 家里的开心果，常常会逗大家开心。

2. 其他代替性活动——"自己的事情自己做"。

（1）头脑风暴：自己的事情自己做？

设置情境。小明很困惑："妈妈经常告诉我自己的事情自己做。可她经常让我帮她倒垃圾，为什么她自己的事情不自己做呢？"

小组头脑风暴，并把想法记录下来，结束后汇报，老师在黑板上记录。

（2）头脑风暴：我在家能做什么事情？

（3）我有决心，我宣誓：我有决心，我要在家里主动做自己力所能及的事，比如×××，×××，××，宣誓人×××。

简约点评

劳动习惯的培养是从小就开始的，但不少家长为了孩子能专心学习，包揽了所有的家务。家长和孩子通过参与主题体验活动，能培养自己的劳动意识，有效提升劳动意识素养。

扑克牌建塔

设计背景

现在的学生大多过着"衣来伸手、饭来张口"的生活,他们既没有养成良好的劳动习惯,又没有掌握必备的劳动技能,独立生活的能力比较差。因此,培养学生的劳动意识关系其是否能健康成长。热爱劳动、尊重劳动应该成为全社会的共识。让学生从小热爱劳动,学习劳动技能,养成良好的劳动习惯,对他们大有裨益,不仅可以培养劳动技能,还有利于形成自力更生的品质。在大力推行素质教育的今天,应及时给学生补上"劳动"这一课,让劳动教育从小抓起,让"劳动最光荣"深入每个学生的心灵。

活动目标

1. 学生能认识到掌握相关劳动技能对每个人的重要性。
2. 学生能体验到运用劳动技能的快乐和达成目标的成就感。
3. 学生能依据特定情境和具体条件,使用特定的劳动技能。
4. 学生能在劳动中改进和创新劳动方式,从而提高劳动效率。
5. 家长在参与情景体验主题活动的过程中,获得相应劳动意识体验感悟而提升素养,同时增加亲子互动交流的话题,促进有效沟通和共同成长。

设计思路

本课程首先通过情境导入,帮助学生安排好两天的生活和学习,也让学生通过和其他同学的对比,看看自己劳动技能掌握的程度如何。接着通过"扑克牌建塔"活动,让学生看看自己是否能够熟练掌握、改进或创新运用劳动技能,以提高劳动效率。

活动准备

(一)物资准备

每组4~6人,每组1副扑克牌。

（二）场地准备

室外或室内空场地。

活动过程

（一）情境导入

周末放假了，你本想着好好和父母聚聚放松一下。但不巧的是，这个周末你的父母去出差了，只有你一人在家，你要完成作业和照顾好自己的起居饮食，还要把家里一些基本的家务做完。你会如何安排好这两天你需要做的事情呢？请制作一份时间安排表。

（二）主题活动体验——"扑克牌建塔"

指导语：在我们的生活中，照顾好自己需要充足的劳动技能，我们要掌握技能，也要学会使用技能。技能无处不在，就像小小的扑克牌，不但可以用于休闲娱乐，而且包含着很多的使用技能，今天我们就一起来体验一下扑克牌运用的小技能。

1．活动规则。

（1）使用扑克牌从地面开始搭建。要求以折、叠、弯、插等形式搭建具有一定高度的结构体。

（2）搭建要求在20分钟内完成。搭建完成后向老师示意，等待老师进行测量。要求搭建完成后，扑克塔能够不借助外力保持5分钟的时间。

（3）除扑克牌之外，不得使用其他任何辅助材料。

（4）可以折叠扑克牌，但不准剪、撕。

2．讨论分享。

（1）搭建作品过程中有遇到困难吗？你们是如何解决的？

（2）过程中，你满意自己的表现吗？为什么？

（3）搭建作品过程中最需要的是什么技能？

（4）你对劳动技能的掌握情况如何？还需要再掌握哪些技能辅助你优化自己的生活？

3．教师小结。

（1）在配合建塔的时候，默契是关键，一个组员扑克牌放歪了，就可以导致整个塔坍塌，组内每一个人都很重要。

（2）有同学会发现，同样是一副扑克牌，动手能力强的小组一下子就塔建起来了，这和大家平时在生活中做的基本的家务劳动是分不开的，经常帮忙做一些力所能及的家务，不仅可以减轻父母的负担，还可以锻炼自己的动手能力和自理能力，一举多得。

（三）活动变化

1. 主题活动的变化。

材料可以有所变化，扑克牌可以用积木来替代。

2. 其他代替性活动——"啄木鸟行动"。

啄木鸟妈妈带着小啄木鸟搬到了新的家。有一次啄木鸟妈妈外出找虫子的时候受伤了，不能马上把虫子带回去给小啄木鸟，如果小啄木鸟没有吃的，它就可能会饿死，啄木鸟妈妈此时很无助。我们能帮帮啄木鸟妈妈，把虫子带回去给小啄木鸟吃吗？小啄木鸟警觉性很高，假如看到是人类给它带来的虫子，它是不会吃的。

活动流程：

（1）熟悉规则：每组同学分成两部分，分别在场地两侧线外排好队。每个组员嘴叼一根弯头吸管，要求学生利用吸管把橡皮圈传递给对面的组员，对面的组员用吸管接住橡皮圈，继续传递给对面下一个组员，直到最后一个组员，最后一个组员把橡皮圈带到对面的纸杯中，完成任务。过程中老师为学生计时并做记录。

（2）练习阶段。每组有3分钟的时间练习。

（3）进行比赛，老师记录小组完成时间，告知各小组完成时间并排好名次，并作分享。

指导语：过程中遇到什么问题？你们打算怎么解决？（小组汇报。）

（4）再次比赛。先让学生预测本次完成时间，再比赛；老师记录小组完成时间，告知各小组完成时间并排好名次。

（5）奖励第一名队伍，肯定超越自我的队伍（前后测时间差）。

简约点评

现代著名教育家蔡元培说："劳动是人生一桩最紧要的事情。"孩子劳动观念的形成、劳动意识的培养，离不开家长和老师的教导。家长和孩子共同参与动手活动，有利于加强劳动意识素养的培养。

问题解决

举"棍"齐眉

设计背景

竞争与合作历来是推动人类持续发展的两个轮子，一个成功的社会永远少不了社会成员间的竞争与合作，竞争与合作并存的理念是我们应该接受和努力实践的理念。目前在现实生活中，中学生对如何处理竞争与合作的关系仍然存在困惑。有些同学认为竞争与合作不能共存，有时在合作中出现"面和心不和"，即在形式上看起来在合作，但心里却各有各的想法，不能做到同心协力、合作共赢。在核心素养中，勇于探究的重点是具有好奇心和想象力；能不畏困难，有坚持不懈的探索精神；能大胆尝试，积极寻求有效的问题解决方法等。合作是非常有效的问题解决方法，因此，学校教育帮助学生意识到竞争和合作是可以共存而且一起会发挥更大的力量显得尤为重要。

活动目标

1. 让学生感受个人和集体的关系。
2. 帮助学生体验通过竞争与合作解决问题带来的压力与快乐。
3. 让学生在活动中学会相互合作。
4. 培养学生勇于探究的精神和解决问题的兴趣和热情。
5. 家长在参与情景体验主题活动的过程中，获得相应体验感悟而提升素养，同时了解孩子问题解决的素养生成过程，增加亲子互动交流的话题，促进有效沟通和共同成长。

设计思路

本课程首先通过热身活动"竹子和熊猫"活跃气氛，接着通过"举'棍'齐眉"活动，帮助学生在活动的过程中了解共同解决一个问题需要具备的必要条件。

活动准备

（一）物资准备

每组1根2～3米长的空心轻质塑料棍和1颗圆珠。

（二）场地准备

室外开阔的场地。

活动过程

（一）活动导入——"竹子和熊猫"

1. 事先分组，3人一组：2人扮"竹子"，相对站立，伸出双手搭成一个圆圈；1人扮"熊猫"，并站在圆圈中间；其他没成对的学生担任临时人员。

2. 教师喊"熊猫"，"竹子"不动，扮演"熊猫"的人就必须离开原来的"竹子"，重新选择其他的"竹子"；临时人员就临时扮演"熊猫"抢占"竹子"，新落单的人应表演节目。

3. 教师喊"竹子"，"熊猫"不动，扮演"竹子"的人就必须离开原先的"竹子"同伴重新组合成一对"竹子"，并圈住"熊猫"，临时人员也可抢占扮演"竹子"，新落单的人应表演节目。

4. 教师喊"地震"，扮演"竹子"和"熊猫"的人全部打散并重新组合，扮演"竹子"的人也可扮演"熊猫"，扮演"熊猫"的人也可扮演"竹子"，新落单的人表演节目。

（二）主题活动体验——"举'棍'齐眉"

指导语：我们听说过"举案齐眉"，有听说过举"棍"齐眉吗？一个人把棍子举到眉毛的高度很容易，但是大家合作举到这个高度呢？

1. 活动规则。

（1）活动细则。

①每个小组分别领取一根"齐眉棍"和一颗圆珠，将圆珠放入"齐眉棍"。

②组员相对站立，每个人平伸一根食指托举"齐眉棍"并使棍子保持水平，使圆珠不滚落出"齐眉棍"。

③"齐眉棍"的起始高度与小组最矮成员的眉毛高度相等。

④将"齐眉棍"水平下移至所有人的食指着地,如果圆珠没有掉落,说明任务完成。

⑤正式开始前先练习5分钟。

⑥第一轮比赛后讨论3分钟再进行第二轮比赛。

(2)注意事项。

①每组需要选出一名监督员,负责监督规则的遵守情况。

②不许出现脱棍、勾棍、夹棍、压棍等现象,否则需要重新开始。

③整个过程中只有一人能说话指挥,其他任何人不许讲话。

④由于棍子较长,需提醒学生注意安全。

2. 讨论分享。

(1)在活动过程中,你感受最深的是什么?

(2)在活动过程中,你听到大家议论最多的是什么?

(3)你觉得完成任务需要注意些什么?

(4)联系班级建设,除了要有明晰的目标外,你认为还需要具备什么要素?

3. 教师小结。

通过刚才的活动,我们明白了共同解决一个问题需要的条件:充分的沟通合作、有竞争的意识、有明确的目标等。我们来到同一个班级,除了存在竞争以外,更多的是合作完成任务,希望大家把这种竞争与合作并存的精神用在我们的学习和生活中,实现共赢。

(三)活动变化

1. 主题活动的变化。

可以每人伸出一根食指或是两根食指,圆珠可以不放,但是要加强监督。

2. 其他代替性活动——"蜈蚣翻身"。

(1)活动规则。

①将全班学生分成两大组,排成两列纵队,推荐产生两位组长。

②全组学生把双手搭在前面同学的双肩上组成一条"大蜈蚣",练习一下"大蜈蚣"跑动,看看彼此是否协调。

③接下来开始进行"蜈蚣翻身"比赛,要求第一位组员依次从第二、第三位组员拉手处,第三、第四位组员拉手处……一直到队伍最后两位组员的拉手处

钻过去，第二位组员、第三位组员……跟随前面的组员一直钻完所有的拉手孔为止。

④完成"蜈蚣翻身"用时最少的组为胜。

（2）注意事项。

①活动要有一定的空间，使得"蜈蚣"可以"蠕动"起来。

②要使整条"蜈蚣"顺利"翻身"，每个组员都要快速"蠕动"和"翻身"。

简约点评

竞争和合作是可以共存的。通过创设竞争与合作的情境，让家长和学生置身其中，加深对竞争和合作的理解，促进问题解决素养的提升。

万能销售

设计背景

"创新是一个民族的灵魂,是国家兴旺发达的不竭动力。""一个没有创新能力的民族,难以屹立于世界先进民族之林。"中国教育正在进行着一场以培养学生创新精神和实践能力为主的变革。要培养学生的创新精神,关键在于培养学生的创造性思维。创造性思维是指以超越常规的眼界,从特异的角度观察、思考问题和提出全新的创造性解决方案的思维方式。本课程旨在通过活动培养学生敢于挑战"不可能"的勇气和解决问题的智慧,培养学生的发散性思维,使学生学会创新。

活动目标

1. 通过活动,学生能认识到办法总比问题多,努力思考解决问题的办法。
2. 在体验中培养学生敢于挑战"不可能"的勇气和解决问题的智慧。
3. 引导学生依据特定情境和具体条件,通过团队合作制订合理方案、解决问题。
4. 家长在参与情景体验主题活动的过程中,获得相应感悟而提升素养,同时了解孩子通过创新解决问题的过程,增加亲子互动交流的话题,促进有效沟通和共同成长。

设计思路

本课程首先通过"列队行进的毛毛虫"导入,帮助学生认识到墨守成规、选择错误的行为方式不仅浪费时间还没有成效,从而调动学生解决问题的热情。接着通过"万能销售"活动,引导学生在遇到难题的时候要学会换个角度思考并解决问题,根据情境和具体条件去制订合理的解决方案。

活动准备

(一)物资准备

无。

（二）场地准备

教室或其他室内场地。

活动过程

（一）故事导入——"列队行进的毛毛虫"

有一种毛毛虫叫作"列队行进的毛毛虫"，之所以这么叫它们，是因为一旦有一只毛毛虫选定了方向，其他毛毛虫都会紧随其后，沿着同一条路线爬行。实际上跟随者的行为已经变成机械的反应了，因此它们的眼睛半闭着，把周围的世界都挡在了视野之外。所有问题都让领头的毛毛虫去思考，包括朝哪个方向走也让它去决定。其他毛毛虫只是机械地列队跟从。

法国自然学家做了一个实验，诱使领头的毛毛虫在一个大花盆上绕圈。其他毛毛虫紧紧排成一队，跟着它走，形成了一个头尾相连的圆圈，谁是领头者、谁是追随者都分不出来了，道路也无始无终。

毛毛虫并没有对这种徒劳无功的行为感到厌烦，相反，它们没头没脑地走了几天几夜，直到由于没有进食而饥肠辘辘，疲惫不堪地从花盆上掉下来为止。

这群完全依靠直觉、经验、习俗和传统行为的毛毛虫最终劳而无功，因为它们选错了行为方式，固化了思维。

（二）主题活动体验——"万能销售"

指导语：如果我们墨守成规，只走前人走过的路，可能就会变成这种毛毛虫，选错行为方式，最终劳而无功。面对一些问题，我们可以不受到前人限制，选择不一样的方式去创造性地解决问题，这就是我们现在需要培养的创新精神，今天我们就来体验一下创造性地去解决问题。

1. 活动规则。

（1）分组，每个小组6人左右。

（2）教师讲清楚游戏情境及规则。

有一家效益相当好的大公司，为扩大经营规模，决定高薪招聘营销主管。广告一打出来，报名者云集。

面对众多应聘者，招聘工作的负责人说："相马不如赛马，为了选拔出高素质的人才，我们出一道实践性的试题，就是想办法把木梳尽量多地卖给和尚。"

绝大多数应聘者感到困惑不解，甚至愤怒："出家人要木梳有何用？这不明摆着拿人开涮吗？"于是纷纷拂袖而去，最后只剩下3个应聘者：甲、乙和丙。

负责人交代："以10日为限，届时向我汇报销售成果。"

假定你是那3个幸运的应聘者之一，小组合作讨论，在规定的时间里如何把梳子卖给和尚，看哪个小组提出的方案能卖给和尚最多梳子，并在实际生活中具有一定的可操作性。

（3）推销梳子成果汇报。

（4）推销梳子的感受分享。

（5）注意事项。

①要向学生说明必须是把梳子卖给和尚。

②梳子的形状、样式、颜色等不要事先规定。

③教师可采取"头脑风暴"的做法，引导学生大胆说出一切可能的方案，然后在这些方案的基础上挑出一些在实际生活中可操作的比较好的方案。

2．讨论分享。

（1）在寻找合适方案的过程中有遇到困难吗？你们是如何解决的？

（2）过程中，你满意自己的表现吗？为什么？

（3）你认为解决类似的难题最需要的是什么？

（4）这次活动给你什么启发？

3．教师小结。

（1）拿到问题的时候，很多同学的第一反应就是怎么可能解决呢？但是随着大家讨论的深入，我们会发现对于之前觉得不可能解决的问题，我们有了很多解决思路。

（2）当我们遇到问题、解决问题的时候，希望我们可以有意识地不断创新，超越常规的眼界，从特异的角度观察和思考问题，提出全新的创造性解决方案。

（三）活动变化

1．主题活动的变化：故事变化。

英国殖民者占领非洲沙漠地区后，就把市场拓展到了那里。于是，有两个卖鞋子的商人就来到了这里。他们来到沙漠地区，了解这里的民族习俗、服饰打扮等情况后发现，生活在沙漠中的非洲人不穿鞋子。看到这种情况，一个商人很失望，他想：这里的人不穿鞋子，我把鞋子卖给谁呢？于是，他离开了非洲沙漠这片市场。另一个商人看到这里的人们不穿鞋子，他非常高兴、兴奋，他想：这里的人们没有鞋子穿，每人买我一双鞋子我就发财了。于是，他把大量的鞋子运到非洲，到处去推销，给人们讲解穿鞋子的好处，讲穿鞋养生之道。

几年之后，这个商人发了大财，腰缠万贯，过上了富裕的生活。另一个商人还在为推销不出鞋子而愁眉不展，直到在穷困中死去。

两个商人面对同样的机遇，却因为对机遇的认识不同、抓住机遇的方式不同、对待机遇的态度不同、采取的策略和行动不同，得到了截然不同的结果。一个商人在机遇中看到了希望，在希望的驱使下产生了奋斗、进取的勇气和力量，从而获得了成功。另一个商人在机遇中感到很绝望，在绝望情绪的感染下丧失了奋斗、进取的勇气和力量，他在绝望中灰心丧气、退缩不前，成功与他失之交臂。

2. 其他代替性活动——"最佳建筑作品"。

（1）活动道具：扑克牌、吸管、回形针。

（2）6个人为一组，领取材料：1副扑克牌、100根吸管（其中20根为弯头吸管）、20枚回形针。

（3）要求在10分钟内利用现有材料搭建有高度的作品，并且命名。

（4）各组派一个学生讲解搭建原理，根据最后的高度及综合结果（外形的美观、结构的稳固、用材的科学、创意的新奇等），评选出如"最高""最美观""最省料""最稳固""最新奇"等最佳作品。

（5）注意事项。

三种材料均要用上，不可以只使用其中的部分材料；比最高是指直立高度，不可以倚靠墙面、钉在地上、人手扶立等；各组派出一个学生组成评委组，分别到各组征求意见并评定最佳作品。

简约点评

创新的本质在于发现问题和解决问题，小创新也能解决大问题。家长和学生通过参与体验，去发现问题和解决问题，提升问题解决素养。

技术运用

关注细节我有法

设计背景

你是否曾经打开过一包糖果，尝了第一颗，然后就发现你的糖果包空了？是其他人吃了它们，还是你没有注意到是自己吃了它们？学习中，你是否曾经在考试的时候很有把握，但试卷发下来之后，你才发现自己本不该错的题目却失分了？这种身体在做一件事，而心理在做另一件事的情况，自然而然就发生了，因此心理大多数时间里都是被动的，它允许自己被困于想法、记忆、计划或者情绪中，连我们的注意力都似乎被其他事件"绑架"了。中学生的注意力保持时间本来就短，再加上注意力被其他事件"绑架"的可能性很大，让中学生的行为或选择更容易出错，不利于积极正向的心理发展。因此，提高中学生注意力的集中度，延长中学生的注意力保持时间，强调关注细节显得尤为重要。

活动目标

1. 使学生认识到注意力游走的普遍性，集中注意力于一些细节可以提示我们一些并未注意到的东西。
2. 引导学生正确看待心理的自动运行，接纳、包容自我。
3. 引导学生用正念训练技术关注细节，提升自我觉察能力。
4. 学生通过"葡萄干练习"，掌握正念训练这种控制注意力的技术，并产生日常运用该技术提升自我觉察能力的动机，强化技术运用意识。
5. 家长和孩子体验其中，获得相关知识运动的体验感悟从而提升技术运用素养，增加亲子互动交流的话题，促进有效沟通和共同成长。

设计思路

我们很容易将无意识转入"行动"模式，习惯性的行动模式会剥夺我们更充实地生活的潜能，我们可以通过特殊方式有意识地关注它，以此转变我们的体验。本课程旨在通过吃葡萄干练习，让学生体验到通过简单的注意力集中方式，他们可以更加全面地体验此时此刻，而这种控制注意力的能力，是可以在长期进行正念训练后保持的，正念训练的积极体验让学生有学习、掌握技术的兴趣和意愿，并能让学生强化技术运用的意识。

活动准备

（一）物资准备

葡萄干（数量多于学生人数），轻松的音乐。

（二）场地准备

室内。

活动过程

（一）活动导入——"深呼吸训练"

1. 请同学们以自己觉得舒适的方式坐下。

2. 用鼻子或者嘴巴深吸一口气，感受气流的运动，腹部扩张，感受空气充满整个腹部。

3. 让这一口气保留在身体里两秒钟。

4. 缓慢呼气，呼气的时间要比吸气的时间长。

5. 呼吸至少一分钟，保持节奏舒缓，不要强求自己。注意呼吸的深度和完全程度，并使身体放松。

（二）主题活动体验——"葡萄干练习"

指导语：你是否曾经在考试的时候很有把握，但试卷发下来之后，你才发现自己本不该错的地方又失分了？你是否遇到过因注意力不集中而吃亏的情况呢？那有没有什么方法能让我们的注意力更集中、做事情效率更高？接下来，老师将让你们体验一种技术，常练习有利于我们训练注意力，做事情更有效率。

1. 活动流程。

（注意：以下每句话之间至少有10秒停顿，老师要用不带情感色彩的语调，以缓慢的语速说出，同时要求参与者听老师指令并做出配合。）

（1）我将要绕教室走一周，给你们每人一个葡萄干。

（2）首先，请你们以自己觉得舒适的方式坐下。每人拿起一颗葡萄干，把它放在手掌上或者夹在拇指与其他手指之间。注意观察它，想象自己是从火星来的，以前从来没有见过这个物体。

（3）在你们的手指间将它翻过来，用你们的手指去感受它的质地，仔细看它的发光处、黑洞及褶皱处。

（4）把葡萄干放在鼻子下面，在每次吸气的时候吸入它散发出来的芳香，注意在你们闻气味的时候，你们的嘴巴和胃有没有产生任何有趣的感觉。

（5）现在慢慢地把葡萄干放到嘴唇边，注意手和手臂如何准确地知道要把它放在什么位置。轻轻地把它放到嘴里面，不要咀嚼，首先注意一下它是如何进入嘴巴的。用几分钟体验一下它在嘴里面的感觉，再用舌头去探索。

（6）当你们准备好咀嚼它的时候，注意一下应该如何以及从哪里开始咀嚼。然后，有意识地咬一到两口，看看会发生什么，体会随着你们每一次的咀嚼，它所产生的味道的变化。不要吞咽下去，注意嘴巴里面纯粹的味道和质地，并且时刻留心：随着葡萄干这个物体本身的变化，它的味道和质地会有什么样的改变？

（7）当你们认为可以吞咽下葡萄干的时候，看看自己能不能在第一时间觉察到吞咽意向，即使只是你们吞咽之前经验性的意向。

（8）感觉它向下移动到你们的胃里，每一次尝试后，注意嘴里葡萄干的消失，以及当它消失时舌头在做什么。

2．讨论分享。

（1）有人觉得累吗？你是否走神了？

（2）用正念方法吃葡萄干与你平时吃葡萄干有什么区别？

（3）过程中，你的体验如何？

（4）我们还能用什么类似的方法去提高自己的注意力？

3．教师小结。

（1）在刚开始做"葡萄干训练"的时候，我们可能会走神，这是我们心理的"自动运行"状态，是很自然的。

（2）随着练习的继续进行，我们可以慢慢集中注意力，觉察一些之前没有意识到的关于葡萄干的小事情，比如它隆起的部分、褶皱，假如我们用这种方法体验生活，我们会发现更多没关注到的细节，这种体验跟日常生活中常发生的情况不同。

（3）我们很多时候并没有意识到我们的所作所为，如果我们能提高觉知能力，就会感知到我们的内心想法、情绪、躯体感觉和生活的各个方面。"葡萄干练习"只是一个正念训练例子，我们练习觉知、提高注意力还能通过正念呼吸、打坐、听音乐、闭眼、微笑等方式进行，在生活中多用正念方法感知，我们会对身边的事物更感兴趣，做事效率也会更高。

（三）活动变化

1. 主题活动的变化。

热身活动变化——数息。

盘腿而坐或散步时都可练。吸气或呼气时速度放慢，从1一直数到10，数到10之后，再从1开始数。不管什么时候，只要你忘了数数，就重新从1开始数。

主题活动变化——其他正念训练方式。

2. 其他代替性活动——"渐进式肌肉放松训练"。

在渐进式肌肉放松训练的每一个步骤中，最基本的动作都是收紧你的肌肉。注意这种紧张的感觉，保持这种紧张感3～5秒，然后放松10～15秒，再体验放松时肌肉的感觉。

训练步骤如下：

①指导语（语气和缓、匀速）：收紧你的肌肉，注意这种紧张的感觉，保持这种紧张感3～5秒钟，然后放松10～15秒钟，再体验放松的感觉。在放松的过程中，注意你的呼吸。当身体处于紧张状态时，吸气或者屏气；处于放松状态时，呼气。先从足部开始。

②足部：把脚趾向后伸，收紧足部的肌肉，然后放松。重复2～3遍，直至足部完全放松。

③腿部：伸直你的腿，跷起脚趾指向你的脸，然后放松，弯起你的腿。重复2～3遍，直至腿部完全放松。

④腹部：向内向上收紧你的腹部肌肉，就好像挨了一拳一样，然后放松。重复2～3遍，直至腹部完全放松。

⑤背部：拱起背部，放松。重复2～3遍，直至背部完全放松。

⑥肩部：尽可能地耸起你的双肩，向内向上，头部向后压，放松。重复2～3遍，直至肩部完全放松。

⑦手臂：伸出双手，放松，弯起手臂。重复2～3遍，直至手臂完全放松。

⑧面部：收紧前额和脸颊，皱起前额，皱起眉头，咬紧牙关。重复2～3遍，直至面部完全放松。

⑨全身：收紧全身肌肉，保持全身紧张几分钟，然后放松。重复2～3遍，直至全身完全放松。

做完后，若仍感到紧张，可再做一次，若局部紧张，可局部重复。完成练习后，休息一小会儿放松内心。可想象一些让你感到最舒适、宁静的情景。把注意力集中在呼吸上，深深地吸气，缓缓地呼气，持续3分钟左右，睁开眼睛，起身时动作要缓慢、轻柔。

可以把这个训练当作一种心理保健的方法，在日常生活中随时运用。其对焦虑引起的失眠等症状会有很好的缓解作用。

简约点评

学习知识，目的之一便是应用。通过创设情境，帮助家长和学生应用已经掌握的知识，体验置身其中和亲临其境的感觉，加深对技术应用的理解，提升核心素养。

鸡蛋撞地球

设计背景

美国有一家儿童博物馆的铭牌上刻着:"听见的,容易忘记,看见的,容易记住,亲手做过的,才真正理解。"所以只有让学生在动手中学习,才能让学生在愉快中发展思维,在轻松中获得知识,在体验中获得技能。素质教育的一个重要目标就是培养学生的实践能力。但是在现实的教学过程中我们不难发现,学生对于如何将学到的知识运用到现实生活中还是存在不少困惑的,运用的困难也在一定程度上影响着学生学习的兴趣。本活动旨在通过涉及学科知识运用的活动,让学生体验运用知识、技术的乐趣,从而提高实践创新能力,提高学习兴趣。

活动目标

1. 学生能认识知识运用的重要性。
2. 学生能体验把知识、技术运用到实践中带来的成就感。
3. 引导学生通过团队合作解决问题。
4. 学生通过活动认识到选择合适的材料的重要性,感受探究的乐趣,体会小组合作的智慧,逐渐养成大胆思考、小心验证的科学思维,能够做到自我评价和反思,意识到将科学知识转化为技术设计能解决很多问题,从而提高自身的技术运用能力和实践创新能力。
5. 家长和孩子共同体验,一起运用知识去解决实际困难并提升相应素养,促进有效沟通和共同成长。

设计思路

本课程首先通过头脑风暴的方法让学生找出尽可能多的生鸡蛋掉地上而不破的方法,再通过实践去检验之前提出的方法是否有效,帮助学生完成知识从提出到实践的这一过程,把平时的知识运用到实际生活中。通过"鸡蛋撞地球"这一活动,来培养学生的动手能力和实践能力,开启他们创新思维的大门,让学生站在科学的角度去发现问题、提出问题、研究问题、解决问题。

活动准备

（一）物资准备

每组准备剪刀1把，塑料膜若干，纸杯1个，气球2个，透明胶1卷，双面胶1卷，泡沫板1块，线绳1捆，报纸若干，塑料袋3个，生鸡蛋1个。

（二）场地准备

有3层楼以上高处的室外活动场地。

活动过程

（一）活动导入——"头脑风暴"

问题：一个生鸡蛋掉到地板上会怎样？

我们有什么办法可以使生鸡蛋从十几米的空中落下来而不碎？

引导学生尽可能多地想出不同的答案。

（二）主题活动体验——"鸡蛋撞地球"

指导语：我们学习知识的目的之一是将知识运用到生活中，更好地为生活服务，很多时候我们会困惑学到的知识是否有用和如何使用，今天我们就来尝试运用我们学习到的知识去解决一个难题。我们刚才说了很多种鸡蛋掉到地板上不会破的方法，现在来检验一下我们提出的方法可不可行。

1. 活动规则。

（1）将1个普通生鸡蛋连同装置由3层楼抛到水泥地面上的半径为150厘米的圆形区域内，在蛋壳不破裂的前提下，作品装置的质量越轻者名次越靠前。

（2）每件作品只有1次投放机会，参加比赛的鸡蛋掉进指定区域内未破为完成，再按装置的轻重进行排名。

（3）比赛分小组进行。

（4）注意事项：使用材料过程中注意安全，不建议小组先试扔鸡蛋，每组只有一次比赛机会。

2. 讨论分享。

（1）保护鸡蛋的过程中有遇到困难吗？你们是如何解决的？

（2）过程中，你满意自己的表现吗？为什么？

（3）保护生鸡蛋最重要的是什么？

（4）这次活动给你什么启发？

3. 教师小结。

本次活动中，我们广开思路，寻找各种制作"护蛋器"的方法；在制作过程中，不断发现问题、调整方案，最终解决问题，并总结出了恰当的方法，成功地让鸡蛋"撞"了地球。生活中有许多物品，在运输过程中容易因为破碎而造成损失。哪些地方运用了类似今天活动的方法？（降落伞、飞机的轮子、安全带、碰碰车、缓冲包装、安全头盔、水果的包装等。）

希望你们在以后的实践探究中能像今天这样积极动脑、敢于想象、大胆实践、寻求奥秘，成为能解决一切问题的人！

（三）活动变化

1. 主题活动的变化。

限定特殊的材料：如竹子、易拉罐、牙签、透明胶若干。

2. 其他代替性活动——"建塔"。

（1）场地：空旷的地方。

（2）材料：报纸若干、透明胶、剪刀。

（3）过程：由各小组分别建一座与众不同的"高塔"，只限使用给定的材料，建议可以先选出设计师，再分工。

（4）评比标准：高、稳。

（5）分享要点：在建塔的过程中，你参与了哪部分的工作？你们建塔的创意源于什么学科的知识？你是如何将学过的知识运用到活动中的？你在活动中有什么收获？

简约点评

知识运用能力的提高，关键就在"多用"。通过创设解难情境，家长和孩子调动并运用所学知识，加深对技术运用的理解，这有利于提升核心素养。

后记

《成长配方——小体验大素养主题活动（初中版）》一书是高校专业课程教学与研究专家、中小学一线实践研究者及教师紧密合作的成果，旨在努力实现专业理论与实际工作和教学实践的真正结合，以保障活动课程设计与实施的科学性、专业性和规范性。

全书由李季教授设计、策划，提出整体内容框架并负责统稿、统审。

"积极共育导论"，以及上编"共育原理导图"的第一章、第三章、第四章、第五章，由李季教授编写；第二章、第六章，由李季教授和吕广健老师编写。下编"素养生成指导"由吕广健、何冬平老师编写。

感谢广东教育出版社编辑张翠君主任及李映婷编辑对本书出版所做的贡献。

感谢为"走心德育"开设专栏的《中小学德育》《中小学班主任》《江苏教育·班主任》，及走心德育研究和实践的参与者和支持者，特别是全国各地名班主任工作室的主持人和成员等。

感谢广东省家庭教育研究会、家校共育讲师团及各实验基地和实验学校对"成长配方——小体验大素养主题活动"课程的试验和实践应用。

作者

2020年8月23日